Marin Držić
Dundo Maroje

Komedija prikazana u vijećnici
od kompanjije
"Pomet-družina"

Dundo Maroje
Copyright © JiaHu Books 2014
First Published in Great Britain in 2014 by Jiahu Books – part of Richardson-Prachai Solutions Ltd, 34 Egerton Gate, Milton Keynes, MK5 7HH
ISBN: 978-1-78435-019-2
Conditions of sale
All rights reserved. You must not circulate this book in any other binding or cover and you must impose the same condition on any acquirer.
A CIP catalogue record for this book is available from the British Library
Visit us at: jiahubooks.co.uk

IMENA	5
PROLOG	7
PRVI ČIN	13
DRUGI ČIN	38
TREĆI ČIN	65
ČETVRTI ČIN	95
PETI ČIN	122

IMENA:

DUGI NOS, negromant (u prologu)
DUNDO MAROJE
MARO MAROJEV, njegov sin
BOKČILO tovijernar, sluga Dunda Maroja
POPIVA, sluga Marov
PERA, na mušku obučena zaručnica Marova
DŽIVO, prvi bratučed Perin
BABA PERINA
LAURA (Mande Krkarka), kurtizana
PETRUNJELA, djevojka Laurina
UGO TUDEŠAK
POMET TRPEZA, sluga Ugov
TRIPČETA iz Kotora
DŽIVULIN, Lopuđanin

Mladi Dubrovčani:
NIKO
PIJERO
VLAHO

MAZIJA, listonoša
PAVO NOVOBRĐANIN, prijatelj Dunda Maroja
GRUBIŠA, sin Pavov
GULISAV, Hrvat
SADI, Židov (Žudio)
GIANPAULO OLIGIATI, bankar
LESSANDRO, rimski trgovac
KAMILO, Rimljanin
KAPETAN (barižeo)
ŽBIRI
TRI RIMSKA KRČMARA

DUGI NOS, negromant, govori:

DUGI NOS: Ja Dugi Nos, negromant od velicijeh Indija, nazivam dobar dan, mirnu noć i pritilo godište svitlijem, uzmnožnijem dubrovačkijem vlastelom, a pozdravljam ovi stari puk: ljudi-žene, stare-mlade, velike i male, puk s kime mir stanom stoja a rat izdaleka gleda, rat poguba ljucke naravi. Ja što jesu tri godine, ako se spomenujete, putujući po svijetu srjeća me dovede u ovi vaš čestiti grad, i od moje negromancije ukazah vam što umjeh. Scijenim da nijeste zaboravili kako vam Placu, tu gdje sjedite, u čas glavom ovamo obrnuh i ukazah prid očima, a na njoj bijehote; i opet ju stvorih u zelenu dubravu, od šta plakijer imaste; i zahvaliste mi, i platu imah, što katance stavih na njeke zle jezike koji za zlo imaju ono što im se za dobro čini. Sad, budući me vjetar opeta k vami dognao srjećom vašom u ovo brijeme od poklad, odlučio sam ne proć tako da vas kojomgodi lijepom stvari ne obeselim. Ma prije neg vam što moje negromancije ukažem, hoću vam odkrit jedan sekret koji dosle od ovizijeh strana nijedan čovjek ni mudar ni triš mudar nije znao, od šta se su skule od mudaraca vazda veoma čudile i veoma napastovale, - sekret dostojan da ga vi znate, plemeniti i vrijedni Dubrovčani. Znate er kad se, jes tri godine, od vas odijelih, ončas su uputih put Indija Velicijeh, gdje osli, čaplje, žabe i mojemuni jezikom govore. Otole obrnuh put Malijeh Indija, gdje pigmaleoni, čovuljici mali, s ždralovi boj biju. Otole otegnuh nogâ k Novijem Indijama, gdje vele da se psi kobasami vežu, i da se od zlata balotami na cunje igra, gdje od žaba kant u scjeni bieše kako među nami od slavica. U Stare Indije otole htjeh naprijeda proć, ma mi bi rečeno er se već naprijeda ne more proć. Rekoše mi da su tamo Stare Indije, i da u Stare Indije nitko ne more poć, govoreći: "Upriječilo se je ledeno more, koje se ne more broditi, i vrla vječna zima, koja galatinu od živijeh ljudi čini"; a s drugu stranu veljahu da gorušte sunce i paljevito ljeto dan bez noći ne da ne tačam živu čovjeku pristupit, ma zemlji od vrućine plod plodit. I rekoše mi: "Po negromanciji samo u te strane može se proć". Kako ja to čuh, otvorih moja libra od negromancije, - što ćete ino? U hip, u čas ugledah se u Indijah Starijeh!

7

Tuj nađoh pravi život, veselo i slatko brijeme od prolitja, gdi ga
ne smeta studena zima, i gdje ruži i razlikomu cvitju ne dogara
gorušte ljeto, i gdje sunce s istoči vodi tihi dan samo od dzore
do istoči i od istoči do dzore; a svitla zvizda danica ne skriva se
kako ovdi meu vami, ma svitlo svoje lice na bilomu prozoru na
svak čas kaže; a dzora, koja rumenimi i bijelim ružami cafti, i ne
dijelja se s očiju od drazijeh ki ju gledaju; a slatki žuber od
razlicijeh ptica sa svijeh strana vječno veselje čine. A ostavljam
vode bistre, studene ke, odasvud tekući, vječnu hranu zelenim
travam i gustomu dubju daju; a bogata polja ne zatvaraju
dračom slatko, lijepo, zrjelo voće, ni ga lakomos brani ljudem,
ma otvoreno sve svakomu stoji. Tuj ne ima imena "moje" i
"tvoje", ma je sve općeno svijeh, i svak je gospodar od svega. A
ljudi koji te strane uživaju ljudi su blazi, ljudi su tihi, ljudi mudri,
ljudi razumni. Narav, kako ih je uresila pameti, tako ih je i
ljepotom uljudila: svi općeno uzrasta su učinjena; njih ne smeta
nenavidos, ni lakomos vlada; njih oči uprav gledaju, a srce im se
ne maškarava; srce nose prid očima, da svak vidi njih dobre
misli; i, za dugijem mojijem besjeđenjem ne domorit vam, ljudi
su koji se zovu ljudi nazbilj.

I za rijet vam sve što sam vidio, i da me bolje razumijete, vidjeh
u tjezijeh stranah, u jednomu zgradu veliku, visoku i vele
urešenu, jedna pisma i od kamena čovuljica, vele učinjeno,
obraza od mojemuče, od papagala, od žvirata, od barbaćepa;
ljudi s nogami od čaplje, stasa od žabe; tamaše, iješe, glumci,
feca od ljuckoga naroda. Upitah koji su ovo obrazi, što li hoće
tolika gruboća, tolik nesmirna od lica čovječanskijeh rijet.
Rekoše mi da negromanti u stara brjemena, kako to bud' ja, po
negromanciji dohodeći u njih strane i donoseći diverse trgovine
za otuda zlato odnosit, er se u rijekah tamo veliko zlato nahodi,
donošahu među ine žvirata, čovuljica, barbaćepa od drva,
obraza od papagala, od mojemuča, od žaba, oslastijeh, kozijijeh i
na svaki način.

I žene od tizijeh strana, - kako i naše, koje polakšu pamet imaju
od ljudi, - gledajući te obraze, počeše se smijejat kako od stvari
ku prije ne bijehu vidjeli, i rekoše: "Smiješno ti bi bilo da ovi
ljudi mogu hodit i govorit!" I rekoše negromantom: "Vi ste
negromanti; ako hoćete da od ovizijeh strana zlata odnesete,
učinite po vašoj negromanciji da ovi čovuljici ožive, i da počnu

hodit i govorit, er bi tada na pravi način smiješni bili, a taki mrtvi ne valjaju ništa". Negromanti, za lakomos od zlata, daše duh žviratom, barbaćepom, čovuljicom, obrazom od papagala, od mojemuča, od žaba, oslastijem, kozjijem i od tezijeh načina. Ti ljudici, kako imaše duh, počeše hodit, govorit i smiješnice činit po taki način, er se nigdje gozba ni pir ne činjaše gdje oni ne bi dozvani bili. Mislite je li smiješna stvar bila gledat te obraze u to prvo brijeme gdje tamaše!
I, za dovršit besjedu, ovi obrazi od papagala, od mojemuča, od žaba, žvirati, barbaćepi i s koze udreni i, za u kraće rijet, ljudi nahvao, počeše se plodit i miješat s ženami nazbilj po taki način, er se ljudi nahvao toliko počeše umnažat, er poče veće broja bit od ljudi nahvao neg ljudi nazbilj. I ti ljudi nahvao od ruke im ide učinit jednu konjuru, da iz gospoctva izagnu ljudi nazbilj. Ljudi nazbilj to uzaznavši skočiše, uzeše oružje, izagnaše sve te ljudi nahvao i ne ktješe da jedan cigloviti za lijek u tjezijeh stranah ostane.
Ljudi nahvao, zajedno s negromanti, priđoše u ove naše strane, i to prokleto sjeme, - čovuljici, žvirati, barbaćepi, obrazi od papagala, od mojemuča, od žaba, oslasti i s koze udreni, ljudi nahvao - useliše se u ovi naš svijet u brijeme kad umrije blagi, tihi, razumni, dobri starac Saturno, u zlatno vrijeme kad ljudi bez zlobe bijehu. I po Saturnu manje razumni kraljevi primiše ljudi nahvao, i smiješaše se među dobre i razumne i lijepe. Tako čovuljici, žvirati, barbaćepi, obrazi od papagala, od mojemuča, od žaba, oslasti i s koze udreni naplodiše to gadljivo sjeme: nasta veće ljudi nahvao neg ljudi nazbilj. Minu vrime od zlata, za gvozdje se svak uhiti, počeše ljudi nahvao bit boj s ljudmi nazbilj za gospoctvo. Njegda ljudi nahvao dobivahu a njegda nazbilj. Ma, za rijet istinu, ljudi nazbilj u duga vrjemena napokon su otezali i još otezaju, ma s mukom i s trudom; i današnji dan ljudi su nazbilj pravi ljudi i gospoda, a ljudi nahvao ljudi su nahvao i bit će potištenjaci vazda.
Sada, moji uzmnožni vlastele, svitla krvi, stari puče, mislim, kako i prije, ukazat vam od moje negromancije kugodi lijepu stvar, i zašto u prednu votu triš mudrijem stavih katance na usta, sada im katance dvižem, neka govore, neka se govorenjem punijem nenavidosti ukažu i odkriju ljudi od trimjed, ljudi od ništa i ljudi nahvao. Ovi sekret nitko dosle nije znao! Ljudem je

nahvao paralo da su i oni ljudi, a ljudi su nahvao ljudi nahvao i bit će do suda.

Sada ja mislim, sada u ovi čas, ovdi prid vami ukazat Rim, i u Rimu učinit da se tu prid vami, kako sjedite, jedna lijepa komedija prikaže; i zašto prije na šeni Dundo Maroje, Pomet i Grubiša ugodni vam biše, zato i sada hoću da vam se s ovom komedijom ukažu. I, za duzijema riječmi ne domorit vam, iziće prolog, koji vam će dekjarat što će bit. Ma rijet vam ću jednu stvar: budi vam draže što ste uzaznali odkud su izišli i koji su početak imali ljudi od ništa i nahvao, koji smetaju svijet, nego komedija koju ćete vidjet. A komedija vam će odkrit koji su to sjeme tugljivo od mojemunskijeh obraza i ljudi od ništa, od trimjed, nahvao, koji li su ljudi tihi i dobri i razumni, ljudi nazbilj. Tihi i dobri uzeti će za dobro što im se za dobro dobrovoljno čini, a obrazi od barbaćepa, kojijeh nenavidos vlada i nerazum vodi, mojemuče, žvirati, barbaćepi, tovari i osli, koze, ljudi nahvao, sjeme prokleto, po negromanciji učinjeni, hulit će sve, od svega će zlo govorit, er iz zlijeh usta ne more nego zla riječ izit. I ne drugo! Na vašu sam zapovijed, stav'te pamet na komediju!

Prolog

Plemeniti i dobrostivi skupe, puče stari i mudri, vidim er s ušima priklonitijema i s očima smagljivijemi stojite za čut i vidjet večeras kugodi lijepu stvar, i sumnjim, ako se ne varam, da vi scijenite i želite vidjet kugodi izvrsnu stvar, a izvrsne stvari u ovizijeh stranah nijesu se dosle činile! Ni mi, koji se zovemo Pomet-družina, ako se i mogu činit, nijesmo toga umjetjeonstva da umijemo činit stvari dostojne od ovakoga toli lijepa i plemenita skupa. Ma ovo brijeme od poklada budući od starijeh našijeh odlučeno na tance, igre i veselja, i vidjeći se našoj družini od Pometa ne puštat proć poklade bez kojegodi feste ili lijepe ili grube, stavili se su za prikazat vam jednu komediju koja, ako i ne bude toliko dobra i lijepa, ali su ove žene lijepe koje ju će gledat, i vi dobri koji ju ćete slušat.
U njoj će biti jedna stvar koja scijenim da vam će draga bit, er će bit nova i stara, - nova, er slijedi onu prvu komediju od Pometa, kako da je ona i ova sve jedna komedija, i u tu smo svojevolju

oto mi sami upali, - stara, er ćete vidjet u njoj one iste prve prikazaoce, a to jes: Dundo Maroje, Pavo Novobrđanin, Pomet i ostali. I prva je prikazana u Dubrovniku, a ova će bit u Rimu, a vi ćete iz Dubrovnika gledat. Žene, para li vam ovo malo mirakulo Rim iz Dubrovnika gledat? Neka znate er Pomet-družina, kako ovo što je mučno umije dobro učinit, toliko bi bolje učinili drugu kugodi stvar koja je lašnja. I ako ne uzbude šena lijepa kako i prva, tužimo se na brijeme koje nam je arkitete odvelo; i ako komedija, od šta se ne varamo, ne uzbude vam toliko draga, ali vam će Dundo Maroje, Pomet, Grubiša i ostali drazi bit. I ne scijen'te da se je vele truda, ulja, knjige i ingvasta oko ove komedije stratilo: šes Pometnika u šes dana ju su zđeli i sklopili. Mi ni vam obećavamo velike stvari, ni možemo: nismo tolici da možemo tolike stvari obećat i činit; kráci ljudi visoko ne dohitaju.
Ma oto vam ja brže i dotrudnih duzijem riječmi! U dvije riječi čujte argument od komedije "Dundo Maroje". Ako nijeste zaboravili kako mu biše ukradeni dukati i vraćeni s patom da se sinu spodesta od svega po smrti; po tomu znajte er su novi pat učinili da se sinu Maru za onada ne spodestava, ma da mu da pet tisuć dukata, da otide u Jakin, a iz Jakina u Fjerencu za učinit svîta i s tjezijem svitami pak da otide na Sofiju s patom, ako se dobro ponese i da mu s dobitkom dođe, da mu skrituru od spodestacijoni ončas učini, i da ga oženi i da mu da vladat svijem ostalijem dinarmi. Ma prije neg vam ostalo izrečem, uzmite nauk od Pomet-družine večeras, i nigda ni sinu ni drugomu ne da'te dinare do ruke, dokle mladića nijeste u vele stvari druzijeh prôvali; er je mlados po svojoj naravi nesvijesna i puna vjetra i prignutija je na zlo neg na dobro; i pamet nje ne raširuje se dalje neg koliko joj se oči prostiru, i nju veće volje vladaju neg razlog. Da vam ne intravenja kako će i Dundu Maroju večeras intravenjat, koji, davši sinu Maru pet tisuć dukata u ruke, odpravi ga put Jakina, a on iz Jakina ne otide u Fjerencu neg u Rim s dukatmi, i tu spendža dukate. A Dundo Maroje čuvši toj, kako mahnit otide starac u Rim s Bokčilom, svojijem tovijernarom. Što će segvitat, komedija vam će sama rijet, koja će svršit u veselje. Ma vi na tomu nemojte stat! Od lude djece čuvajte dinarâ, er se je ovjezijeh komedija njekoliko arecitalo nazbilj u vašem gradu, koje su svršile u tradžediju! er

nije svak srjeće Dunda Maroja. Drugo će intravenjat: vjerenica Marova, čuvši zlo vladanje Marovo, kako ona koja ga srcem ljubi, i bojeći se da ju ne bi desperanu ostavio, s svojijem prvijem bratučedom, izamši iz tečina haholjka trista dukata, otide put Rima, i putem obuče se na mušku, učinivši se djetić Dživa svoga bratučeda; što će naprijed bit, komedija vam će spovidjet. I drugo neću rijet, neg vas ću molit - s ljublježivijem srcem čujte i vidite, er ako nas uzljubite, i mi i naše stvari drage vam će bit; ako li inako učinite, i lijepa komedija kazat vam se će gruba, što će vaš grijeh bit a ne od komedije. Ma vi dobri nećete moć neg dobro i misliti i rijet; a u zle se mi ne impačamo, - tizajem ne hajemo da smo drazi. A poslaćemo našega negromanta da š njima rasplijeta; a nas daleko kuća od tjezijeh obraza od mrčarije. Ma oto vam Dunda Maroja, stav'te pamet na komediju i zbogom!

PRVI ČIN
Prvi prizor
DUNDO MAROJE, BOKČILO, tovijernar, zatim TRIPČETA iz Kotora, PRVI i DRUGI OŠTIJER

MAROJE: Ajmeh, ajmeh, moja starosti, na što me si dovela, da se po svijetu tučem za dezvijanijem sinom, za haramijom, da iz morske pučine izvadim zlato, da iz jame beza dna izmem imanje! Pet tisuć dukata dah djetetu u ruke! Vuku dat u pohranu meso! Jaoh, valjalo bi mi dat dvaest i četiri konje na dan, na svaku uru svoga, za eror ki sam učinio.

BOKČILO: Bogme bi ti, gospodaru, valjao konjic i svaku uru svoj, i jedva bi se donio doma, ako bi ga hranio kako i mene. Jaoh si ve meni, u koji ve ti čas pođoh iz grada!

MAROJE: Bokčilo, jesam li ti rekao: ne davaj mi fastidija, ne pristaj mi tuzi! Ti se, pjanico, rugaš mnom.

BOKČILO: Tebi sam pjan, a tvoj tobolac najbolje zna kako stoji moj trbuh.

MAROJE: Nijesam li ti danaska dao po kutla vina popit?

BOKČILO: Jesi, sita me si napojio! Ovo, odkle sam iz Grada, nijesam se usrao, ni sam imao čim s tvojom hranom. Nađi ti one štono se iz Moreške zemlje donose kamilionte, kao li se zovu, koji se jajerom hrane; a ne vodi junake s sobom koji se jajerom ne pasu. Po kutla mi je vina dao! Jaoh si ve meni, jao!

MAROJE: Nevoljna mene, tužna mene! Veće sam ja otišao, veće mene pokri grob! Sin mi dukate uze, a ovi mi život uzimlje. Oči, što ne plačete? Ali ste doplakali? Ma zadosta je da srce za vas plače.

BOKČILO: Bog zna tko koga kolje i tko će prije umrijet. Duša mi odhodi i od glada i od žeđe; tvojijem tugama hoćeš Bokčila hranit. Dukate plačeš, a dukati ti rđave u skrinji. Brižni ti dukati, kad se ne umiješ njima hranit. Plače, er mu je sin spendžao od svoga. Za česa su dukati neg da se pije i ije i trunpa?

MAROJE: Od svoga, pjanče, veliš, od svoga spendžao? Ajme! Ubode me, ajme!

BOKČILO: Ponta mu dođe, ubodoše ga, - rekoše mu istinu.

TRIPČETA: Che ha questo pover omo?

BOKČILO: Misser, ga boli: fiol spenzuto denari, doglia!

TRIPČETA: Po svetoga Tripuna, vi ste našijenci!

BOKČILO: Misser, Bog te naučio! De Ragusa? I mi smo otuda.

TRIPČETA: Gospodine, što vam je? Vidim, ti si našjenac; siate il ben vegnuo, dobar si došao!

MAROJE: Ben trovato, misser! Vi ste našjenac? Drago mi je.

TRIPČETA: Ja sam od Kotora.

BOKČILO: Ah, da te Bog pomože!

MAROJE: Susjed si naš! Susjede, prikloni obraz, da mi se je s tobom pozdravit.

BOKČILO: Svoga mi, svoga, neka ti mi svoga, nije ti bez svoga. Koliko mišera srjetosmo, a nitko ne pristupi k nam neg sam našjenac, - svoj a k svojijem!

TRIPČETA: Ištom se obeselim, kad čujem koga od našega jezika.

MAROJE: Duša mi se vrati, misser mio! Kad te čuh govorit rekoh: ovi je od našijeh.

TRIPČETA: Che bone nove? Imate li ča novo otuda? Ča se ono boljahote?

MAROJE: U fastidiju sam.

BOKČILO: Gospodine, je li ka kaplja dobra na našku?

TRIPČETA: Ča hoćete rijet? Izrecite!

MAROJE: Bokčilo, dosta tvojijeh, muči sada.

BOKČILO: Njeka vina na agrestu i srce nam izrezaše.

TRIPČETA: Bogme si ti pravi našjenac; ja bih se s tobom ugodio! Za vince pitaš? Naćeš toga.

MAROJE: Bokčilo, stan' onamo s strane! Ne dava' fastidijo. O vinu ovi misli, a ja sam u tugah u velicijeh. Misser, vidim te dobra čovjeka; rad bih se malahno s tobom s strane razgovorit, pokli te je moja srjeća k meni dovela.

TRIPČETA: Gospodine, ovo sam, na vašu sam zapovijed; što mogu zapovjeđ mi kako bratu: ja sam zvišeran svijem Dubrovčanom kao bratji mojoj. I ne gledaj me ovako u spelanoj dolami; po svetoga Tripuna, ja ne kuram se da sam u tuđem mjestu signor i misser, gdje me ne znaju, ma da sam na mom domu gospodar počtovan i svijetao, gdje sam poznan.

MAROJE: Inveni ominem, nađoh čovjeka! Svete riječi, zlatom bi ih valjalo pisat. Jaoh meni, da budem znao da je ta doktrina u Kotoru, u Kotor bih sina na studijo poslao, - sina koji me je ruinao, koji me je rasčinio, sina koji je zlu skulu naučio. Jaohi, pet tisuć dukata!

BOKČILO: Našao je, iznašao je s kijem će plakat! Naplačite se, plakali vazda, er se ni moj trbuh ne smijeje uz vas. Jaohi meni, stranjci dubrovački, moja hranice, daleko ti mi ste!

TRIPČETA: Nije, bogme, ta mala riječ pet tisuć dukata! To je što se boljaše?

MAROJE: Sin, dezvijan sin pet tisuć dukat mi je splavio!

TRIPČETA: Bogme je to gore neg ponta, ta je velika nemoć. Uzmi mi dukate, uzmi mi čast i život.

MAROJE: Misser mio, život mi je uzeo! Vjerismo ga, er ne imam neg toga jednoga sina.

TRIPČETA: Bolje je nijednoga. na ti način ne imat, bolje je da ne živu taki.

MAROJE: Smrt mi je, misser mio, a ne sin! Mori me na prješu! Jesu tri godišta, vjerivši ga, ja lud dah mu, dah mu u ruke pet tisuća, ajme!

BOKČILO: Bože, djevico, jeda ga zakolje oni haramija ki ga je onamo zaveo? Ono ga će doma povesti, da ga gosti, jes, uzmi!

TRIPČETA: Bogme ti, razumijem: velika je to boles.

MAROJE: Pet tisuć dukata! Ajme, ajme, Bokčilo, pomaga'!

BOKČILO: Rekoh ja er ga će ona haramija zaklat.

MAROJE: Ajme!

BOKČILO: Kolje ga! - Kurvin mužu, što mi to od gospodara činiš? Pušta', đidijo!

MAROJE: Bokčilo, što je to? Pomamio se si!

TRIPČETA: Po svetoga Tripuna, čovječe, kao ti nijesi sam.

BOKČILO: Gospodaru, što je? Jesi li živ?

MAROJE: Nije zlo, Bogo, hajme, da' mi ruku.

BOKČILO: Mnjah da te kolje oni haramija.

TRIPČETA: Onestije dobru čovjeku govori, čuješ ti s navrtom? Che altrimente ti portera il diavolo, uzet te će veliki vrag.

MAROJE: Bokčilo, ne bud' mahnit! Ti se si pomamio!

BOKČILO: Koga vraga ja znah? Mnjah da te davi; a, po Majku Djevu, ne ima ni obraza od dobra čovjeka. Ovo te je doma poveo kao prustijera, da te gosti!

TRIPČETA: Vrag je, ter ne mao, tebe, čovječe, danaska k meni doveo.

MAROJE: Bokčilo, ja t' sam rekao er si mahnit; ovamo hodi! Misser, u eror je uzeo.

TRIPČETA: Znaš ka je? Rec' mu da se čuva velika vraga.

MAROJE: Hoću za moju ljubav da mu prostiš. - Bokčilo, pristup' ovamo, pita' mu proštenje.

BOKČILO: Gdi je gostara? Bez gostare se mir u nas ne čini.

MAROJE: Ovamo hodi, biće i gostara.

BOKČILO: Dobar čovječe, prosti; u grijeh se davam.

TRIPČETA: Ja t' praštam, ma čin' da s' drugovja mudriji, žî t' ja; er čuj, da znaš, moja je kolora kako trijes, koji oganj pušta i udire. U koloru se stavljam, i rukom igram ujedno i zajedno, i odsela te za brata uzimam, pokli se si u grijeh dao.

BOKČILO: S baretom u ruci kao starijemu i boljemu!

TRIPČETA: I hoću danaska da mi vidiš stan, i da mi ogledaš vino.

MAROJE: A ekčelent ti je tovijernar u njemu.

BOKČILO: Ah, jeda te kad srjeća u Dubrovnik dovede, da mi te je na mojoj lijepo' tovijerni bistroga rujnoga vinca napojit i lijepo gostit kao braca.

MAROJE: Bokčilo, poď', opet stan' onamo, i ne hodi dokle te ja ne dozovem.

BOKČILO: Na vašu zapovijed, ma je brijeme pinut.

MAROJE: Sad ćemo otit na voštariju.

BOKČILO: Da je s Bogom!

MAROJE: Ovi moj čovjek veoma je vjeran, ma je srdit, a junak je kao trijes.

TRIPČETA: Po junaka Đurđa, ima što u njem junak bit! Dobra je peča čovjeka u njemu.

MAROJE: Sada da se vratim na moje tuge.

TRIPČETA: Nu, caro misser mio, seguitate.

MAROJE: Kako rijeh, vjerismo ga; zbrojih mu pet tisuć dukata, - tezoro, tezoro mu zbrojih!

TRIPČETA: Bogme, ne ja pet tisuć bolanača momu! Ne djeci u ruke dinare! Dinar u mladu djetetu bijesni kao zli duh, da znaš, u inspiritanu čovjeku.

MAROJE: Oto ja lud bih, a na konselj se druzijeh prigibajući; tko se ne konselja - zlo, a tko se konselja - još gore.

TRIPČETA: Misser mio, trijeba je gledat od koga se konselj uzimlje; od mlada konselja čuvaj se, staroga se drži.

MAROJE: Jaoh, to ga i plačem; mladi biše u tome vijeću, a ja ih čuh. Odpravih ga put Jakina, da ide u Fjerencu i da obuče te dinare u svite, vrativši se da ga odpravimo na Sofiju. Ako bi se dobro ponio, bijeh odlučio sve mu u ruke dat. Jaoh, dezvijanik jedan! Iz Jakina ne otide put Fjerence, ma put Rima, u ovo mjesto toliko delicijozo. Tko se u ovizijeh raskošah ne bi ištetio? Rekli mi su da je u zle žene poplavio, ter sam došao, jeda bih što mogao skapulat.

TRIPČETA: Gospodine, ako je u Rimu te dinare splavio, očisti veće ruke od njih; drijevo se je razbilo u vas pod onjezijem veljijem stijenami.

MAROJE: Jaoh, pod Sveti Vlasi!

TRIPČETA: Gdje ne mogu ni ljudi ni roba skapulat; žao mi je er ćeš i sina izgubit.

MAROJE: Njega li? Za njega ja hajem! Žao mi je dukata, a on mi ne bude veće na oči: živi i umri, hodi zlo kao je i počeo.

TRIPČETA: Misser, ne bih ja tako učinio, - našao bih ga; tko zna je li sve splavio.

MAROJE: Tako i ja mislim učinit, - nać ga.

TRIPČETA: Bože, znam li ga ja ovdi u Rimu? Kako je njegovo ime?

MAROJE: Maro je njegovo ime.

TRIPČETA: Maro, - amaro, bogme ti je tebi amaro i grk, ma kojojgodi kortižani ovdi u Rimu vele sladak.

MAROJE: Jaohi, to ga i plačem.

BOKČILO: Jeste li se vi tamo našaptali? Šaptom Bosna poginu, šaptom mi oni nije drag. Jaoh si ve meni, jao, na ko'e ti me je ljudi srjeća namjerila, ki ni jedu ni piju. - Gosparu, umrijeh od glada, svršite!

MAROJE: Bogo, Bokčilo, postrpi se malo; sad smo tvoji.

BOKČILO: Božiji bili!

TRIPČETA: Ja znam ovdi jednoga vašega Dubrovčanina,

vlastelina kao perlu, vas u velutu s kolanom na grlu, gospodar čovjek, i zove se signor Marin, a vele da mu je ocu Maroje ime, od bogatijeh ljudi od Dubrovnika.

MAROJE: Od koje je dobi?

TRIPČETA: Tako, dijetac od dvadeset i jedno godište.

MAROJE: Koliko je er je u Rimu?

TRIPČETA: Misser mio, jesu tri godišta. Liberal je kao jedan česar; okošt, ne vele učinjen, ištom mu se nausnica prima.

MAROJE: To je on, on je! "Signor Marin", hajme "Signor Marin" ga veće zovemo! To je moj sin!

TRIPČETA: Da po kotorsku Blaženicu kao imaš sina gospodara čovjeka.

MAROJE: Ja sam siromah čovjek, ti je sinjor i gospodar, - to nije moj sin!

TRIPČETA: Oto mu tu sinjore; ovdi prem stoji njegova galantina, njegova namuroza. I malo će stariji bit. Tu ga ćeš vidjet; ovo je prva kortižana od Rima.

MAROJE: Hajme, zlo mi srce sluti!

BOKČILO: Gospodine, jeda je što?

MAROJE: Nije dobro, Bokčilo, zlo je.

BOKČILO: Ovo tvoj sluga, a i brijeme je da se ti objed objeduje.

TRIPČETA: Misser, ako t' para pođ'mo mi na ovu voštariju.

BOKČILO: Ah, da te Bog pomože!

TRIPČETA: I kad sinjor Marin dođe, vidjećeš, poznaćeš je li tvoj sin ali nije.

MAROJE: Moji sinovi nijesu sinjori: neće bit to moj sin; ma pođ'mo.

BOKČILO: Ah, da si čestit! Na dobra ti se smo čovjeka namjerili.

TRIPČETA: Misser, da znaš; ovdi su tri voštarije: na jednom je senj "Miseria", što vi zovete lakomos; na ovoj ovdi "Ludos"; na onoj onamo, božić gdje kuljene i djevenice ije, zove se "Oštaria della grassezza".

BOKČILO: Gospodine, gosparu, kralju, povedi nas gdi je najbolje vino.

TRIPČETA: Da bogme, ovdi na Ludosti najbolje je vino. - Misser, s ove voštarije moćeš vidjet tvoj posao.

MAROJE: Gdje Dubrovčani ovdi alodžaju?

TRIPČETA: Na Lakomos, vazda alla miseria. Kigodi se nađe ki alla grassezza kadgodi alodža. Sinjor Marin, sin tvoj, alla grassezza ončas je alodžao.

MAROJE: Sin moj! Sinjori nijesu moji sinovi! Taj je alodžao alla grasseza, a ja alodžah na Ludos, er lud i mahnit bih dat dinare iz ruka.

1. OŠTIER: Alla sciocchezza, al segno della sciocchezza bon vin, bone starne, bon capponi, galline, salciotti da Bologna, bon pan sopratutto; nasa un poco, signor, che color.

BOKČILO: Signor misser ošte, dar ogledat vin.

2. OŠTIER: Junako dobro od Schiavunia, vino dobro, tako mi boga.

1. OŠTIER: Alloggiate qua da me alla grassezza; vi daro un antipasto, sguazzetto alla tedešca, che vi morderete le dita, vin da Corsica e Claretto di Francia, vitella di latte, fagiani, pavoni et cio che poteti domandar con lengua.

2. OŠTIER: Signor, costui vi dara cose grandi, ma la vostra borsa poi sentira; vi mettera a conto poi fina alli štecchi con che vi netterete i denti.

MAROJE: Gdje gospoda i sinjori alodžaju, tu ja siromah ne alodžavam, tu sinjor Marin alodžava.

2. OŠTIER: Kodi ovamo! Ja mala plata uzeti, dati jesti koliko trbuka nositi.

BOKČILO: Ovdi me, gospodine, gdje mi krstjanski govore, gdje nas razumiju.

MAROJE: Bokčilo, uljezi unutra.

BOKČILO: Pate!

MAROJE: Misser, kako je vaše ime?

TRIPČETA: Tripeta se zovem, na vašu zapovijed.

MAROJE: Tripe, Tripeta, budi s nami danas, ne ostavi nas.

TRIPČETA: Gramarzi, vazda sam s vami. Poću k stanu; ormai e tardi.

MAROJE: Nemoj, Tripe, od velike mi si potrjebe: bez tebe se neću moć obrnut po Rimu.

TRIPČETA: A ja da vam poslužim; ovo sam na vašu zapovijed.

Drugi prizor
UGO TUDEŠKO i POMET TRPEZA, zatim LAURA

UGO: Pomet!

POMET: Signor.

UGO: Foler far frit con me questa signora, signora tanto crudele al suo serfitor. Mi star sempre tuo serfitor; dinari, vita tuo comando, crudel signora! tascti koz pestilenz, fenga 'l cancar chi ti foler piu ben. Mi foler ben a un pietra; per Dio, matar chi non foler ben a mi.

POMET: Signora Laura, - znam kad se i Manda zvaše u Kotoru, - non tanta superbia! Sad mi toškano govoriš, a naši smo, ili hoćemo ili nećemo. Neće vazda jednako brijeme bit: za slatkijem ljetom dođe i gorka zima; i ti cvijet od ljeposti, kojom se oholiš, mogao bi i kozomor još potlačit. Vidjeli smo i druzijeh sinjora u Rimu, velicijeh kako i ti, koje, koliko su na višemu bile, toliko su na bašije pali.

UGO: Mi tanto amar questa crutele, e ella a me foler tanto mal!

LAURA: Pomete, ča su te riječi? Jesam li ti rekla da mi ne dohodiš s tizim Tudeškom prid vrata? A ti hoćeš svakako i na sramotu! Oto ti pripovidam: ostani mi se kuće, ako neć' da te skanda najde.

POMET: Ah, signora Laura, ne poznavaš tvoje srjeće! Ovi je Tudešak prvi bogatac od svijeh Tudešaka ki su u Rimu, a mahnit je za tobom; a u pratiku ne more bit galantiji vlasteličić od njega. Ja ne znam koji su to tvoji giribici: druge našilju na njega, a ti bježiš od tvoje srjeće.

UGO: Ah, cruter, queste lacrime non mover tuo cor, cor pietra non cor!

LAURA: Dico, andate con Dio, non vo piu ašcoltar le vostre ciance.

POMET: Zahvaljamo! Ma ti smo mi svakako sluge. - Fortuna je, neka malo poabunaca.

23

Treći prizor
DUNDO MAROJE (s voštarije), TRIPČETA i BOKČILO

MAROJE: Tripko, ovo li je što veljaše?

TRIPČETA: Rekao bih veramente da je on.

MAROJE: Da ovo nije moj sin; duša mi se vrati!

BOKČILO: Bože ve, gospodaru, Bože, vjeruješ li što ti su nalagali na tvoga dobroga Mara?

MAROJE: Može Bog dobro dat.

BOKČILO: Nu ćeš vidjet er ćeš sve nać a contradiu.

MAROJE: Para da mi se tuge odloži od srca; još ufam, neće toliko zlo bit koliko govore.

TRIPČETA: Misser mio, gospodine moj; ovo nije tvoj sin, ovo nije ser Marin; imam kurtu vistu, ter mi se on činjaše.

Četvrti prizor
POMET, UGO, zatim POPIVA

POMET: Signor Ugo, che tanta desperazion pigliar? Star allegro, di bona voglia! Andiamo a far trink, la signora poi voler ben.

UGO: Antamo, fer Dio, bever malvagia e fuggir dolor de cor. Segnora, foler non foler, mi štar vostro serfitor.

POPIVA: Pomete, signor Pometo, bagio la man a vostra signoria! Veliki Pomete njegda, ma si sad mali; sinjora vam u obraz vrata zatvori! Da ne budem iz kantuna gledao, rekao bi mi: "Sve smo u nje". Pomete, neće sinjore tvojijeh slatcijeh riječi, ni se haju za brikunanje tudeško, za kijem ti ideš; hoće kolajine, hoće zlato, hoće dzoje! Vidiš ovu kolajinu? Vidiš ovi kolarin? Vidiš li ovi pendin? Sve ovo kosta trista dukata; ovo će sve Maro Marojev, gospar moj, darovat sinjori Lauri.

Peti prizor
DUNDO MAROJE i BOKČILO (s voštarije), POMET i POPIVA

MAROJE: (Maro Marojev! - Bokčilo, ču li?)

BOKČILO: (Čuh, gosparu. Hvala Djevici er čujem našijem jezikom govorit; dobro stvari prohode.)

MAROJE: (Za mene zao glas bi ovi od Mara; čujmo naprijeda!)

POMET: Vidim, velici ste ljudi, kraljevi ste, po trista dukata u votu darivate. Gdje si, Dundo Maroje? Tvoji dukati, koje si s velicijem znojem dobio, kako se pendžaju?! Trista dukata dzojâ sinjori se imaju večeras darovat!

MAROJE: (Ajme, l' e fatta! Bokčilo, ču li?)

POMET: Njekoga ponta udri gori.

POPIVA: Pomete, plači komu drago; mi se dobru bremenu davamo, a gospar stari Maroje ima dukat kao šume: ima se od šta plavit! A ti, ako hoćeš s tvojijem Tudeškom imat graciju od sinjore, mene služite i dvorite, er dukatmi nećete vi s nami na paru stat.

POMET: Tebe služit i dvorit! Ti si Popiva, daleko Popiva od mene! Popiva, što ne može sam popit, čini da i druzi piju; što ti ne mož' doruinat gospodara Mara, činiš da ga rasčini Mande Krkarka. Ter nije zadosta da mu kako pijavice krv popijete, ma mu hoćete i dušu popit. Gdje si, Dundo Maroje?

MAROJE: (Jaoh, ovdi sam za veliko zlo moje!)

POMET: Njetko se ozva s voštarije! Miri plaču ruinu od toga uboga mladića, a tebi se pod Zadrom vozi.

POPIVA: Ubog je, er ti nijesi s trbuhom ki se ne može nigda napunit i s usmi od zmaja ki ne žve neg proždire, u njegovi kući da ga objednom živa proždreš i iziješ i da se udaviš. Spomenuješ li se kad ga ti navede da staromu gosparu ukradete dvije tisuće cekina, i kad ih pak podvrgoste kao vruću opeku?! Ktijaše njekoga vraga proždrijet onada, - provrati se juha!

POMET: Neka Popivu ima u kući, sikuro more spat!

POPIVA: E, Pomet Trpeza boli se njime, ki kao metlom mete bokune s trpeze.

POMET: Popiva mu je vjeran sluga i ljubi ga. I pijavica ljubi krv čovječju, ali mu dušu vadi.

POPIVA: Popiva popijeva s gosparom Marom u sinjore Laure.

MAROJE: (S gosparom Marom u sinjore Laure?!)

POPIVA: A Pomet Trpeza iza vrata gleda s svojijem Tudeškom, koji vinom hoće intertenjat prvu kortidžanu od Rima. S dukati dođite u sinjore Laure kako i mi! Neće sinjore ovake havijara ni vina, - dukata hoće, a vi ih ne imate.

MAROJE: (Ajme, ovdi se mojijem imanjem brava!)

POPIVA: Onako tvoje srce jauka, Pomete, a jezik ti zamuknu. - Njekoga gori ponta tišti. - Plači i umri vas svijet, meni je dobro!

POMET: Dobro ti je?

POPIVA: Ovo mi moga lijepoga liberaloga gospara Mara, gospara moga i sinjore Laure; er i sinjori on sad zapovijeda.

POMET: Vidim ga; svega je svoje brijeme, i za lijepom godinom dođe daž; ma za tizijem smijehom još te ću vidjet plakat.

Šesti prizor
MARO, POPIVA, POMET, zatim TRIPČETA, MAROJE i BOKČILO

MARO: Popiva!

POPIVA: Gospodaru!

MARO: Gdje dosle bi?

POPIVA: U Džanpjetra zlatara.

MARO: Pomete, što imaš tu činit?

POMET: Ben trovata la sagnoria vostra, signor Marin! Njegda tvoj bijeh u Dubrovniku; u Rimu si sada veličak čovjek. Daleko siromaha od velicijeh ljudi!

MAROJE: (Tripe, je li ovo moj sin?)

TRIPČETA: (Da bogme ti je on! Ovo je sinjor Marin.)

MAROJE: (On je! Ono je on u velutu, ajme meni!)

BOKČILO: (Gosparu, ono i Pometa, one lupežine štono u gradu biješe; jaohi meni, gdje mi se je skitnja doskitao!)

MAROJE: (Hajme, svi se su obješenjaci oko njega skupili!)

BOKČILO: (I Popiva, jaoh si ve meni!)

MAROJE: (Piva i Tara! Pet tisuć dukata!)

TRIPČETA: (Muči malo, per amor de Dio, da čujemo koga vraga vijećahu.)

MAROJE: (Da čujemo ne dobro za mene.)

MARO: Sta ben questa cosa, Pomete; ovako se karecaju sinjore, ovaki im se prezenti darivaju. A ti mi si s njekijem Tudeškom došao, od bokare čovjekom, za skartat mene; ali vam se će prikinut remik penjući se gdi se sam ja uspeo. Ma ti pripovijedam, Pomete Trpeza, šijunu od bokunâ, ako vas vidjeh veće vrtjet se oko ove kuće, tebi ću vas obraz izrjezat, a onomu ću Tudešku probosti trbuh, da mu sve vino isteče koje je igda popio. I ovu vam sentenciju davam sada za vazda.

POMET: Signor Marin, učinićeš što se pristoji tvomu paru, a ja ti sam sluga; a Tudešak svoj posao čini, a svak svoj.

MARO: Razumio me si. - Popiva!

POPIVA: Signor!

MARO: Pođi opet u Džanpjetra zlatara i reci mu: "Pošlji mi oni dijamant i oni rubin".

POPIVA: Signor, neće manje dvijesti dukat za te dvije peče. I ovi isti Tudešak, Pometov gospodar, davao je sto i osamdeset dukat za nje, i nije mu ih ktio dat.

MAROJE: (Ajme, moji dukati! Bogme ih će kupit!)

MARO: A ja mu ću dvajesti dat; pođ' ih uzmi, i da on dođe ovamo, da mu zbrojim dinare.

MAROJE: (Bogme ih uze, l' e fatta! Ako ne remedijam, sve će s vragom poć.)

MARO: Pomete, tko hoće sinjore imat, trijeba je tobolac otvoren držat kako i ja.

MAROJE: (Tobolac otvoren držat, ajme!)

POMET: Njekoga od danas ponta udara gori. Gospar stari Maroje ima dukata kao sovrne; mož' ih dobro pendžat, jes odkuda uzet.

MAROJE: (Ajme, jes odkuda pendžat! A ja veće na ošpedao u staros kad mi drago.)

MARO: Popiva, što se vrati?

POPIVA: Nećeš li na večeru u sinjore?

MARO: Hoću.

POPIVA: Da što ćemo kupit?

MARO: Vina dukat, a havijara paulin, kako i Pometov gospodar Tudešak, i na tri škude kupi par fadžana; i kupi par kapuna velicijeh, da znaš škud za nje dat; i kup' animelâ, i poď' u picikarula moga, da ti da mortadelâ i salčicâ, što će biti za svu ovu nedjelju, i čin' da ti dâ dudzinu provardurâ, i svrati se u moga spičara; reci mu da mi pošlje jedan vruć marcapan.

POMET: To je za po pastu konfortat štomak.

POPIVA: Pomete, jeda ti zubi vodu čine? - Sve će bit opravljeno, pođoh veće.

MARO: Ne čeka'te me na objed, er ću u sinjore na objed.

POPIVA: Dobro.

POMET: To je pravi i gospocki život! Neg mislim, signor Marin, kako se ćeš pak pasavat s pečom mesa u Dubrovniku i s krincom juhe kojoj se dno uzvidi kako u Mrtvom moru na Lokrumnu, kad je bunaca.

MAROJE: (Jaohi, bogme mu će i pomanjkat! Još će, dezvijanik jedan, za Boga prosit. Ajmeh, gdje moje pet tisuć dukata otidoše?!)

MARO: Pomete, ja ne mislim ni u Dubrovniku džimrijat.

POMET: Znam, gospoda valja da gospocki živu.

MARO: Da bogme gospocki! Scijeniš li ti da ću ja na po kutla vina i na medzalin mesa stât kako i ostali? Pritilo ću, Pomete, ja živjet; a ti ćeš daleko od moje kuće stât, a zubi ti će vodu činit. Ovu ću kolajinu na grlo stavit, neka me moja gospođa veselijem okom pogleda.

POMET: Da bogme ti i dobro stoji! Što se kavalijer ne učiniš, ter bi je vazda nosio?

MAROJE: (I kolajinu je na grlo stavio! Bokčilo, Tripeta! Da mi je sit doli: poć mu ću sve kose iskupsti i sve mu ću oči podbit).

TRIPČETA: (Misser, non in furia!)

BOKČILO: (Mila mati, bila mati!)

MARO: Pomete, čin' da te tu nijesam veće vidio; jes' me razumio? - (Tik, tok). Signora, ja sam, padrona mia bella.

POMET: Bit će što da Bog. Sluga ti sam! - Ma š ćaćkom ćeš razlog učinit! Dundo Maroje, živi, da vidiš kao se tvoji dukati pendžaju! Ja ću odovle poć k momu Tudešku, s kijem veće mi valja ručak neg s ovizijem i sa svom njegovom družinom objed i večera. Dubrovčani ne znaju što je pastedžat: izjedu mi onu peču mesa, tad s plaštem na Placu. Tudešci na repozano zasjedu ti mi, počnu s njekijeh gvaceta a specijom t' ih krope za otvorit apetit za mrtva uskrsnut i da ga čine jesti; a trink ide uokolo, pak ti mi dođu s pliticom, u njoj dobra kokoš, u njoj pritila patka, u njoj dvije jarebice, - fadžanova, Dubrovčani ih ne umiju neg pečene jesti!

MAROJE: (Ajme, da mi je nadvor, - ubosti ga ću!)

TRIPČETA: (Non far, misser, non in furia!)

BOKČILO: (Mir Božiji s tobom, sveta te Nedjelja pomogla!)

POMET: Njeka je buna gori na voštariji, a njetko od danas ino ne čini neg jauka gori: tkogodi se pjan bode; za mene se makar iskoljite! - Or bene, u toj plitici još bude dobre slanine na tudešku, i dobroga vitelja mesa, a s rjepicom i s kupusom u jusi. Što su letuariji i kordijali što se stomakalijem ljudem dava? Siromasi, ne umiju ozdravit. Sve to ujedno; a mostarda mi njeka dušu vadi: ijem a lačan sam; što veće ijem to sam lačniji. A plitica kao se ispražnjuje; tako jedan (a valenti ti su sluge) na nožu i primeće u pliticu sad kapunića, sad guščicu, sad jezik slan, sad sufridžatu ovoliko debelu; a brinc ide uokolo, a mi ijemo a sve smo lačni. A para nam sad smo sjeli na trpezu, a tri ure su prošle, a u delicijah smo, u raju smo; pak se na slano, pečeno! Oh, oni odor, odor za svakoga nemoćnika ozdravit! Ma ovo mi moga Tudeška namuranoga; ma bogme sam ja namuraniji na njegovu trpezu neg on na sinjoru. I poću š njim u zemaljski raj, gdje se ima što se žudi; a riječi ću ostavit i spovijedat mirom pečeno i vareno.

Sedmi prizor
UGO TEDEŠKO i POMET

UGO: Pomet!

POMET: Signor Ugo!

UGO: Che star tanto qua? Ti non foler bever malvagia? Mi, fer Dio, foler.

POMET: Nut galantarije od ljudi! Ovo je nješto probudit apetit. Con voi, signor Ugo, andar in inferno et star ben.

UGO: Salutar la signora: "Son fostro servitor".

POMET: La signora sera vostra, che voler altro? Et andamo a trink.

UGO: Fer Dio, far meglio.

Osmi prizor
TRIPČETA, MAROJE i BOKČILO (izlazeći iz voštarije)

TRIPČE: Misser mio caro, non si fanno le cose in furia, reče se: tko plaho ije udavi se; a oni reče: uprež' ih.

MAROJE: Uteče mi obješenjak jedan! Nije ga, štica se u one ribote.

BOKČILO: Ne plaho, gospodine! Plašilo ovcu tjera, tihoćina vuka stiže. Bit ćeš gdi hoćeš, nea ti furencija prođe.

MAROJE: Hajmeh, dođoh gdi se onuđe veće ne more.

TRIPČE: Pojmi duše, ustavi se, kolora te je smela! Vrag uzeo i djecu, makar i tko se afatiga činit ih, pokli se za nje tolika fastidija imaju.

MAROJE: Ajme, smrt se, smrt se za nje napokon ima!

BOKČILO: Ah, djeco, vele ti kruha hoćete, nut što se za vas pastidija!

MAROJE: Nu, ovo sam ostavio koloru; što hoćete da se čini?

TRIPČE: Da se opet vratimo na voštariju. -

BOKČILO: Ah, blaženo mlijeko koje te doji!

MAROJE: I što da se čini?

BOKČILO: Bogme mi usta od njeke pastidije usahoše.

TRIPČE: Da čekamo dokle dijete izide iz kuće; kad izide, kako sve tvoje dijete, uhit' za ruku i dvigni ga sa zla puta i tihoćom pročeda' š njime, er ako ga uplaši, uteče ti i ne stignu ga sa svijem psi sinjora Džulijana Čezarina.

BOKČILO: Da je blagosovljena zemlja po kojoj hodiš! Med mu iz usta izlazi.

MAROJE: Oršu, ne more gore stvar proć neg je prošla; činite što znate. Ovo sam, da se čini kao vi hoćete: uljez'te opet unutra.

BOKČILO: Ah, da te Bog pomože! Reče se: dogovorna je bolja šteta neg koris bez dogovora. - Tripe, gospodine, kutalac vinca! Ne umori me: usahoše mi usta.

TRIPČE: Tako mi Boga, da t' služim un boccal de vin s dobre volje, brate.

BOKČILO: Ah, Djevica te pomogla; cvijetkom ti i ružicom puti porasli, kotorska slatka krvi.

TRIPČE: Hod' unutra, brate.

BOKČILO: Kao stariji i bolji.

TRIPČE: Nea stoji ta bareta.

Deveti prizor
DŽIVO i PERA, zaručnica Marova, na mušku obučena, zatim DŽIVULIN Lopuđanin

PERA: Dživo, lijep ti je ovi grad i vele ti je veličak; ja se umorih ovom ulicom hodeći.

DŽIVO: Ja scijenim dilja je od Krive ulice.

PERA: Uzaova, Dživo, što govoriš? Ovo je dilja neg od Grada do Luncijate.

DŽIVO: Pera, hoć' da ti ukažem crkvu od Svetoga Petra?

PERA: Nemo' me, Dživo, Perom zvat, da nas tko ne čuje i da me ne pozna jer sam djevojka.

DŽIVO: Neću veće, zarekoh se nehote.

PERA: Petrom me zovi, kako smo rekli.

DŽIVO: Hoću. Vidiš ovu ulicu? Onamo je crkva od Svetoga Petra.

PERA: Je li velika kako i Sveta Gospođa?

DŽIVO: A kako ti znaš da je Sveta Gospođa velika?

PERA: Brižna, Đivo, kako ne znam? S tetkom nijesam li svaki Božić u Svetu Gospođu na misu bila? Jaohi, tete, veoma ti mi ćeš za zlo imat er sam od tebe ovako otišla! Je li se kad i jednoj djevojci ovako nevolja zgodila da je iz Grada ovako izišla za iskat svoga vjerenika? Koga mnim da sam tako izgubila, jaoh, da ga veće neću nać. U tri godišta, odkle je iz Grada pošao, ne pisat ni meni ni nikomu od svojih jednu ciglovitu knjižicu! Jaoh, što se će u Gradu od mene govorit?!

ĐIVO: A što se će rijet? Pošla si s babom i sa mnom, tvojijem prvijem bratučedom, k vjereniku.

PERA: Sjetna, neću smjet nigda na oči veće k mojoj teci doć, koja ne znam hoće li živa bit cijeć ovoga moga mahnitoga pošastja.

ĐIVO: Pošastja! Hoć' li jo' smjet na oči! Zašto ne?

PERA: Zašto ne? A trista dukata koje jo' sam iz skrinje izela za ovo naše nesrjećno pošastje? Đivo, ja sam djevojčica, i učinila sam stvar koju dosle nijedna djevojčica nije učinila; ja sada razgrizam grijeh koji sam učinila! Jaoh si ve tužnoj meni, sad poznam što je bez majke bit i bez nje straha! Teško svakoj djevojčici koja majku ne ima!

ĐIVO: Muči, Pera, sve se će načinit.

PERA: Jaoh meni, to mi je i mučno er se neće ništa načinit; sad razgrizam zlo moje. Pošla sam ovamo scijeneći sve načinit, a našla sam da je on tamo vas s zlicami i da je poplavio svu prćiju koju mu su dali. Ni znam kako se more k njemu poć, i bi li me primio, budući tako s zlicami zlu družbu sadružio. A koliko mi je za vratit se u grad, bolje, nesrjećna ja, u more skočit neg se opet u grad bez njega vratit; er me ne bi ni svoji primili za stvar koju sam učinila, - i imali bi razlog.

ĐIVO: Nebore, Pera, tu tuge sada brojiš pokli je stvar učinjena; nastojmo na što smo došli. A da se u grad opet vratimo, po nesrjeći ne opravivši na što smo došli, manjkalo bi dumana koje bi te primile.

PERA: Žî n' t', ni dumne neće u manastijer koje ovako hode.

DŽIVO: Da svake idu ovako kako si ti pošla.

PERA: Ne more gore nijedna poć neg sam ja pošla.

DŽIVO: Pera, ti si smiješna; ti se desperavaš, er u tri dni nijesmo sve opravili.

PERA: Brižna, jesu tri dni er smo ovdi u Rimu, a njega ni možemo vidjet, ni ga znamo gdje nać, ni scijenim da ga ćemo za našega života nać; er ako je u zlica, on je, moj brače, veće izgubljen, i veće mi ne valja da njega ištemo.

DŽIVO: Nebore, dosta riječi! Nać ga ćemo, ma se ne more sve u čas tako učinit.

PERA: Jaohi, ištom mi zlo srce sluti.

DŽIVO: Muči, ovo njekoga; para njetko je od našijeh iz Dubrovnika. Stan' s strane, čini mi se djetić. Ovo je Dživulin Lopuđanin; navegao sam š njime. - Dživuline, adio! Kud tako s prješom ideš?

DŽIVULIN: Džuho, ovdi li si? Tugo moja, znaš kad te kašicom pitah, a morinčela te ubila biješe? Koje te su ovdi u Rim dovele?

DŽIVO: Dživuline, došli smo velikom potrjebom.

DŽIVULIN: Da ovi uza te brat li ti je? I njega li ćeš dat u drijevo, da nam beškote konsumi? Giuraddio, ako dođe, ončas ga ću za noge, tako ću njim kao grmušom i metnut u more. Ja sam manigodo u drijevu svijem ovizijem perdidžornatam i mandžagvadanjem. Placari u drijevu hoće kao godišnicam komandit: "Naprav'te mi odar!" Po sonce žoto i Blaženicu od Pšunja, kao je trijeba mistijere u drijevu abandonit a njih kašicom pitat. Bestro, kad dođeš u drijevo, čin' da ti prvu stvar majka u skrinju stavi lončić i mećajicu za kašu.

PERA: Ja sam dobar na moru: neće od potrjebe meni bit kašu mesti, a prem mislim i ja za škrivana u drijevo.

DŽIVULIN: Za skrivana ćeš u drijevo?! A hoć' govorit na stoleću?

DŽIVO: Dživuline, ostav'mo te riječi. Odkle te sad imamo?

DŽIVULIN: Misser mio, sad sam učinio alle curtellade. Srjetoše me njeki putem; a ja sâm ovako kako me vidiš - s mačem, s mojijem najvjernijijem drugom, i s rudelom, s mojom braniteljicom. Ah! ah! Scijenjahu imat što činit s ovijem zemaljskijem gujami koje mi ližu zemlju! U meni rekoh: privarili ste se; ovo je od jajera dijete, mlijekom od Igala dojeno, u kajpah od drijeva odhranjeno, oko sartija je njegova šećnja; ptica je bez krila, galeb je morski i od jajera. Giuraddio, scijenjahu da me će ončas s nješto malo spendzice rastavit: sunuše se, ja se fermih, pokrih se rudelom. Kurvin mužu, tu li si? Potegnuh na sljepačku, kud pade da pade. Mahnu njekomu tamo ruka - druzijem mahom s levadom otidoh, - mah u vjetar otide. Pogledah iza rudele - oto t' nikoga prida mnom! Tamo nadaleko vidjeh gdje njetko bježi; rekoh: hod'te tamo, što dobiste, giuraddio, ne dijel'te sa mnom.

DŽIVO: To su kojigodi od strade ljudi bili. Iz Grada li ideš?

DŽIVULIN: Iza mira li idem? Što? Da mi spašete oružje? Od kampanje sam ja čovjek; son de isula de Mezzo, izulan se zovem, i izulan hoću živjet i umrijet.

DŽIVO: I da hoćeš ini bit, ne bi mogao neg izulan. Ma neka stoji to! Imamo li te od našijeh strana?

DŽIVULIN: Od našijeh strana? S Prijekoga ne idem, gdje vi dunidžate, gdje mi mačicem po kantunijeh skrobućete. S Lopuda idem, gdi vam nije Luce, na čeljadina našega gdje ne smijete ni gledat.

DŽIVO: Za Boga, Dživuline, kad nije vas, tko vam čuva čeljad?

DŽIVULIN: Strah naš: naša je čâs ognjem ograđena.

DŽIVO: Sve je tako. Koliko odkle ste otuda?

DŽIVULIN: Njeki placar vaš ima mi platit navao do Jakina.

DŽIVO: A tko je s vami došao?

DŽIVULIN: Njeki starac za sinom ide; dukate mu je poplavio.

DŽIVO: Kako mu je ime?

DŽIVULIN: Maroje.

DŽIVO: A sinu mu?

DŽIVULIN: Maro.

DŽIVO: Sam li je došao?

DŽIVULIN: Njeku je slugu s sobom doveo, - sve nam vino od mise konsumi.

DŽIVO: Da sad kud ćeš poć?

DŽIVULIN: Zavjetan sam u Svetoga Petra; poću proštenje uzet, pak ću poć po voštarijah toga placara iskat, da me plati.

DŽIVO: Dživuline; molim te da se nađemo, kad opraviš, pak oko ovizijeh ovdi voštarija.

DŽIVULIN: Bonora, bonora!

DŽIVO: I ako što mogu za tebe, operaj me.

DŽIVULIN: Bagio le pede, misser.

PERA: Jaohi, gospodar je Maroje došao! Ako uzazna još da sam se i ja ovdi doskitala, toprv mu će zla klenut i na me sve zlo pasti.

DŽIVO: Došao je! Oršu, tko zna što je za bolje; Pera, ne valja ovdi spat.

PERA: Jaohi, Dživo, na tebi i na Bogu moja čâs, moj život i moja smrt! Ja vidim, zlo sam pošla; more Bog i bolje dat.

DŽIVO: Pera, ne brini se, priporuči se Bogu. Tvoje je došastje ovdi bez zlobe i na dobru fin, a ja ti neću ničijem manjkat; a u rukah Božijijeh sve stoji. Pođ'mo, ovdi nije trijeba spat, a ja znam što ću.

PERA: Što ćeš učiniti, dragi Dživo, reci ve mi?

DŽIVO: Pođ'mo, rijet ti ću.

DRUGI ČIN
Prvi prizor
POMET TRPEZA, zatim PETRUNJELA, sluga

POMET: Reče se: "tko je namuran nije sam", - sad ja po mom Tudešku poznam. Nut što je bit čovjek i imat judicijo. Sjedeći za trpezom s mojijem Tudeškom, a pečeno bijehu donijeli - pjat, u njemu kapun. Gledam ali je guska, ali što drugo: onoliko velika kapuna moje oči nigda nijesu prije vidjele. Ispečen? Gledah ali je isprigan ali je ispečen: imaše njeku hrustu na sebi koja mi oči zanošaše, srce mi veseljaše, apetit mi otvoraše. Oko njega dvije jarebice oblahne, a sok iž njih rosi. Pjat ureševahu s strana peča vitelja mesa od mlijeka, koja para da govoraše: "jeđ me, jeđ me", i polovica zadnja od zečića, lardica okolo nazadijevana, a garofalići neistučeni nakićena, koja para na trpezi mirisom da stvaraše veselo, drago prolitje; a na krajijeh od plitice uokolo nakitili bijehu kosovića, drazijeh kosovića, turdius inter avibus, koji paraše da se uokolo uhitili bijehu i da u veras pojući govorahu: "Blaženi, uzmite!" I u tjezijeh delicijah stojeći u kontemplacijoni, bijeh otišao in estasis.

Tako istom Tudešak moj i uzdahnu, uzdahnu drugu votu a mene dozva: "Pomet!" Ja se osvijestih: "Signor patron, comanda!", mnjah da mi će rijet: "Što činiš?" Rježi, da se triunfa; far bona ciera!", kako je njegovo užano rijet mi. Reče mi: "Ajme, Pomet, mi štar mal!" - "Što će bit?" - "Mi morir, se non aver la signora, mi štar malanconico; mi non poter mangiar. Tu mangiar presto, antar la signora, prometter ducati mille, do mila. Meglio spender ducati che perder vita." Ubi me kad mi to reče! U meni rekoh: mahnitos, mahnitos s namuranijem ljudmi druži! Mahnitos njimi vlada! - Ne mogoh mu ne ugodit tu galantariju. - "Ja imam, kažem, dobrovoljno činit i što mi je mučno činit". Ma ne mogoh srcu odoljet; odkinuh krilo od onoga kapuna, stavih ga prida nj; drugo odkinuh, stavih ga prida me. Napih mu: "Trink, misser Ugo, star allegro, signora star vostra". Što ć' ino? Intertenjah ga s galantarijom, založih se i trijema kosovići, okusih i jarebičice. Bogme tjeh i rukom igrat u parti sekrete od onoga slavnoga kapuna (kurvina kuhača koje galantarije od onoga kapuna biješe učinio!): pun biješe nadjeven kao jedan kuljen njekijeh ptičica pritiljahnijeh; zalaga' se svakom kao mekom smokvicom, a s mijendeoci, s lučcom, s suhvicami, s specijicom. Bogme i toga pouzeh! On me soličita: "Pomet, antar!", a ja s galantarijom: "Antar, signor". Napih se; otidoh iz raja zemaljskoga, dviže me iz onjezijeh delicija gdje se ima što se žudi.

Ma se je trijeba s bremenom akomodavat; trijeba je bit vjertuozu tko hoće renjat na svijetu. Kralj je čovjek od ljudi, kad se umije vladat. Nije ga imat dinâr, er vidim mnoge s dinarmi potištene; nije ga bit doktur, er vidim mnoge te brigate fantastike; nije ga bit junak s mačem u ruci, er su ti većekrat ali ubijeni ali ih su pune tamnice; nije ga bit poeta ni komedije umjet činit, er tizijem svak ore i na svaki ga pijer hoće operat, kao bastaha, a umjesto zahvaljenja da mu reku: "Ne valja ništa, iždeni!", i da mu neprijatelji ostanu; nije ga bit mužik, er tizijeh druzi čine pjet kad veću volju plakat imaju.

Trijeba je bit pacijent i ugodit zlu bremenu, da se pak dobro brijeme uživa. Svakijem kami! Maro mi prijeti, a ja mu se s baretom u ruci klanjam; Tudešak me, moj idol, dviže s trpeze, s delicija! Srcem mučno idem - čijerom volentijero. I tko k meni dođe: "Pomete, opravi mi", - opravljam; "Pođ' za mene", - idem; konsel mi pita, - umijem mu ga dat; psuje me, - podnosim; ruga se mnom, - za dobro uzimljem. Ovaki ljudi renjaju! A merita moj profumani trbuh da mu vjerno služim. Sve sam ove galantarije za njega naučio, er me nigda ne izdava na dobru obroku; vazda je bio pripravljen, dispos ponijet.

Ma sam zaljezao u veliku konsideracijon, a imam danaska fačende velike činit, fačende dostojne od Pometa. Imam Popivu s svojijem gospodarom tisknut iz kuće od sinjore Laure. Dinare ćemo prosut; a onomu je sinjoru Marinu otac došao. Pričuo sam da je Dundo Maroje u Rim došao za skapulat dinare od naufradžija Marova; ma je sve s vragom otišlo. Nadvor, grintavci bez dinara! S dukatmi kraljevi idu: fate largo! Srci mi dava far faccende u Rimu koje ni Čezar ni Šila ni Marijo nije činio. Imam imat viktoriju od neprijatelja, triunfus caesarinus! Ma ovo njekoga iz kuće od sinjore - Petrunjela je, a prem nju htijah.

PETRUNJELA: Tko će ono bit onamo? Brižna, tvrdo ti je upro oči u mene, tot mu sam draga; neka ga! Rekla bih da je ono našjenac; istom krv poteže na svoga.

POMET: Petre, Petrunjela!

PETRUNJELA: Pomet je, po Djevicu Mariju.

POMET: Petrunjelico, lijepa našjenico!

PETRUNJELA: Brižan Pomete, što se ovdi vrtiš? Gospođa vas moja neće; sva se je stavila na onoga dobročestoga Mara; neće veće nikoga u kuću.

POMET: Ako se je ona stavila na toga brižnika Mara, a ja se sam stavio na moju brižnicu Petrunjelicu.

PETRUNJELA: Na tvoju? Još se nijesam prodala da sam ičigova.

POMET: A ti se daruj meni, ter ćeš moja bit, a uzdarov ti ja i sve moje stvari. Bogme si mi draga, a sad pobjed, kako sam pinuo, paraš mi ljepša - meka ti si!

PETRUNJELA:

Napasti,
tamo stoj,
peci loj,
ter se goj.

Pođ' tamo u tvojijeh galantina, u sinjora rimskijeh; a ja sam godišnica dubrovačka. Bože, love li sada oko Među crjevjara one manenštine u Dubrovniku? Sjetne godišnice, martire su od štipanja.

POMET: Jes, tri godišta er sam otuda, ni se vabim veće tamo na pečene jetre; popovski mi bokuni ovdi odražaše. Ma moja galantina, bogme, neće druga bit nego ti, ako je tebi drago, Petrunjelice, moja jarebičice.

PETRUNJELA:

Rekla je doć,
ma je noć;
ne ima cokula,
crjevje je izula;
bosa hode,
drača bode;
nijesam tvoja,
sva sam moja;
kako došao,
tako pošao.

Ovu molitvicu govoraše pokojna moja tetka, i zbogom; ne mogu veće s tobom stât. Poslala me je gospođa da dozovem Sadi Žudjela, da jo' njeku pocjelicu od zlata donese i njeki kolarin od perala koji misli kupit. Što požudi, sve joj Maro kupuje; a ona mahnita je za njim.

41

POMET: Dobro čini, dokle dava. Ma čuj i moga dunda molitvu:

Gospo, dar,
žita stâr
da ti bude
dobar dar;
a na har
budi meni
tvoja stvar.

PETRUNJELA: Ah, ah, sjetan Pomete, salačljiv ti si, sve ti je veselo! Zbogom! Otidoh.

POMET: Čeka'! Kudije bježiš?

PETRUNJELA: Ne imam kad veće stât.

POMET: Znaš što ti ću rijet? Hoć' li dobro tvojoj gospođi?

PETRUNJELA: Da žî mi dušica ti jo' sam vjerna sluga, er je i ona meni dobra.

POMET: Reci joj ovako: "Tudešak, moj gospodar, mahnit je za tobom, i odlučio je sve svoje imanje spendžat s tobom; bogatac je od peset tisuć dukata. Dokle ima tu volju, ne oždeni ga, i kad ti srjeća sama u kuću dohodi primi ju i drži ju; er ako ju odagnâ, kad ju ustjebudeš, neće ti moć bit". Od toga Mara izela je što je mogla, i on je spendžao što je mogao. Oto vele da mu je otac došao i da mu hoće konte gledat, i da ga hoće dvignut s fačenda.

PETRUNJELA: Ah, Pomete, Maro je vele dinara u nju spendžao i današnji dan pendža; a ona ga je obljubila, mahnita je za njim. Ti Tudešak što ti je, ona ne zna, - ovoga zna.

POMET: Prova' ga, tako će i znat.

PETRUNJELA: Ali ako toga primi, onoga će izgubit. Maro je zdenjoz, neće da nitko drugi pratika u nje neg on sam; a ne manjka jo' ničijem.

POMET: Ona sama od svijeh kortidžana u Rimu od jednoga se kontenta; poprav ti je Dalmatinka, - nije pratika.

PETRUNJELA: Nije pratika? Bogme je u to razumna: nje posli dobro idu, a ne znam kako druge stoje.

POMET: Ako nje posli dobro idu, ima nastojat da jo' i bolje idu. Ako ovoga otac odvede s sobom u Dubrovnik, uzmi ovoga Tudeška vlastelina.

PETRUNJELA: Ja svrh ovoga ne umijem što rijet; ako ćeš, ja jo' ću govorit.

POMET: Govori joj i najbrže joj reci kako mu je otac došao; to je nje posao.

PETRUNJELA: Sve joj ću ja spovidjet od mene do nje.

POMET: Petrunjela, ako to bude, bogme će i tebi bolje bit. Ja znam što govorim: njeka će persona sva tvoja bit; razumiješ li me?

PETRUNJELA:

Razumije
tko umije;
džilju moj,
zbogom stoj,
ma mi mati
neće dati;
ja ću spat,
ti ćeš zvat;
kako došao,
tako pošao,
Zbogom, Pômo!

POMET:

Vele ih znaš,

nije laž;
moja budi,
tuj ne gudi.

Petrunjela, odgovori mi brzo, moj kordijalu od stomka.

PETRUNJELA: Hoću svakako danas, moja velika misli!

POMET: Milice naše, kao se je istrijebila! Istom kad se dođe u Italiju, tako se i deventa drugi. Ova je s imenom promijenila i kostume; u ovizijeh bi se kortidžana izrizikao bule i bulin. Oh, scijenim, kad čuje sinjora Laura er je Maru otac došao, i da mu misli fačende izet iz ruka, promijenit će fantaziju. Klin klina izbija, veći dinar manjega pokriva: našijem dukatmi, ispod kunja frescijem, izagnaćemo sinjora Mara s lagahnijem tobocem. Contrarius contradia curabuntur! Popivu da mi je na ošpedao poslat, Majko Djevice od milosti! Ova bestija kortidžana Mande prem ti je Šćavuša, ne misli što će zautra bit. Uzoholila se je, er joj je vjetar u krmu; a ne zna jer se može brijeme ištetit i dobra srjeća promijenit se u zlu. Trijeba je naučit živjet; a jo' ću meštar bit. Nut što je lijepo sve umjet! Legat joj ću in literis i doktrinu će naučit; i bogme će naučit, er je nje posao. Ja sam na brijeme doktur i filozof. - Poću malo bolje ispitat za došastje Dunda Maroja, da mi se je umjet vladat kako filozof in literaturis koji sam.

Drugi prizor
NIKO, PIJERO, VLAHO, PETRUNJELA

NIKO: O, Piero, per amor de Iddio, gdi ćemo nać Mara? Jes dva dni er smo iz Fjerence; ištemo ga, - ni ga znamo ni umijemo gdje nać.

PIJERO: Pođ'mo nać kogagodi dobra kompanja, da nas vodi po kortižanah, u tjezijeh ga ćemo pratikah ončas nać.

NIKO: Per Dio, dobro veliš; vraga je u njemu trgovac! A bogme bih se i ja š njim ugodio, uzeo vrag trgovinu i tko od nje bi inventur, lijepu je stvar iznašao - bastašiju! Aferin Maro! Otac mu u gradu govno griza, ni ije ni pije za manje spendžat a veće akumulat; a Maro ovdi i za sebe i za njega pendža i uživa; in fine, rad bih mu brat bit.

PIJERO: Za napola dijelit sinjore, je li ah?

NIKO: Da koga vraga hoć' da se čini? U mlados da mi kugodi volju ispunit, a u staros me nasoli ter me spremi u ormar. Imamo njeke oce koji nas paze kud gledamo, kud hodimo, gdje sjedimo i što ijemo. Gvardijane nam je njeke narav dala koje nam je trijeba slušat i podnosit za nevolju. Ah, kurviću, da se ljudi bez otaca rađaju, dobro ti bi nam mladijem bilo.

PIJERO: U libertati bi bio, ah ah! Smijejem se od tvoga diskorsa - da se ljudi bez otaca rađaju! Za bit liber ne para ti drugi put željet neg bit bez oca.

NIKO: Ti bo su, u dobri čas, neprijatelji od našijeh volja; kad bi nas pomagali i prijatelji nam bili u naše potrjebe, molili bismo Boga da im Bog da živjet vazda.

PIJERO: Bogme sam od tvoje, i ja sam s tobom! Oni reče: "Vrag uzeo oca i tko ima oca!", i para da sad svi mladi ovu molitvu kantaju mješte letanija. Smiješni su ovi oci: ne spomenuju se er su oni u mlados mahnitiji od nas bili. Imali bi nas puštat da živemo na naš način, a mi bismo pak naše sinove puštali da živu na njih način u libertati. Tot bi veće vječni mir bio među oci i sinovmi: oni bi po našijeh molitvah živjeli kako i Matuzalem, mi također po molitvah našijeh sinova. Tot bi naš život bio i dug i miran; a ovako: oni su nemirni s nami, a mi š njimi.

NIKO: Ali da svi čine kako je Marov otac učinio: dao mu je pet tisuć dukata; tako ih on i trafega ovdi u Rimu s galantinami sinjorami.

PIJERO: Za vjeru Božiju, je li ga gdje peču da i mi štogodi baknemo uza nj? - Ma tko ide ovo ovamo? Vlaho je. - O, Vlaho, bevegna. Za rane Božije, što je? Jesi li ki dukat donio? Ovo mjesta za pendžat ih.

VLAHO: Nebore, još me nijeste ni upitali odkle idem.

NIKO: Odkle ideš, ako s' dukata donio?

VLAHO: S Livorna, donio sam dosta. Ma ne umijem na primijeru igrat, er tko gubi, veljaše moja pokojna tetka, boli ga glava i zubi. Druže, misser Nicolo, u Rimu si, misser Pietro, u velutu ste! Vi ti ste sinjori i gospodari, rodili se ste liberali. A ja sam njeki antiki čovjek, tučem se po svijetu za dobit kaban, da u daž ne okisnem.

NIKO: Rekoh li ti, Pijero, er je mjedeničar ter nije dukata?

PIJERO: Po muku Božiju, prem se htijah servat u tebe jedne dvijesti dukat, dokle se vjerim, a ti mi reuškavaš kako kliješti, ki nijesu za ino dobri neg za tisknut i potegnut k sebi.

VLAHO: Dvjesti dukata! Jes' čuo onu počašnicu:

> Dukat mi, dukat kralj i car,
> dukat djevojci častan dar,
> a za dukat se da na har
> vele lijepa, vrijedna stvar.

PIJERO: Ah, ah, za rane Božije, gdje su mješnice, da ju uz mješnice rečeš?

VLAHO: Da su gusli, uz gusli bih drugu rekao; ma ostav'mo ove cance! Kao rabote prohode? Kao ste?

NIKO: Zlo!

VLAHO: Kako zlo u Rimu, u raju?

PIJERO: Mi smo kako i duše u paklu, koje gledaju raj, vječna blaženstva, za veću muku imat. Gledamo feličitati rimske, a konsumamo se u željah.

NIKO: Ištemo naše refridžerijo, Mara Marojeva, da nas stavi u pišinu.

VLAHO: Što je od njega? Čuo sam da od bačava karatjele je učinio.

PIJERO: Učinio je toliko, er se on dobru bremenu dava; i on je u raju, a mi smo u paklu.

VLAHO: Raj od ludijeh spenadza brzo se obrće u pakao. Ta veselja fratello, malo duraju; upita' me odsada, do malo dana.

NIKO: Vraga te ću pitat! Ovdi čuo sam da stoji lijepa kortidžana. Ono joj godišnice na vratijeh; poću se akostat k njoj.

PIJERO: Da', jeda koga zla možemo avancat od nje!

VLAHO: Da bismo dobra avancali kao ćemo zla avancat.

NIKO: O, quella giovene, como si chiama questa signora che sta qua?

PETRUNJELA: Xe mia signora, misser.

VLAHO: Ovo para našijenka!

PETRUNJELA: Po Djevicu slavnu, ono paraju našijenci.

NIKO: Bogme i ti nam paraš našijenka.

PIJERO: Ono je Milica!

NIKO: Bogme je Milica! Mile, poznavaš li me?

VLAHO: (Poznaš, pse! Brzo ti se poznaste!)

PETRUNJELA: Niko, ti li si? Nut količak je uzrastao! Brižna, Među crjevjare kolikat me je uštinuo. Ovolihni biješe, a nemanština u njem velika biješe.

VLAHO: (Sada je dobar, čovjek je, tvoj je posao.)

PIJERO: Da mene, Mile, kolikrat ve me si opsovala! A kolende ti dah, a obeća mi, a malo izda.

PETRUNJELA: Obeća' ludu a zaludu. Pijero, ti li si? Brižna, nut gdje je obradatio! Isto mi vas je milo vidjet. Živi se vide kadgodi, a mrtvi nikada.

VLAHO: A za mene nijesi još upitala?

NIKO: Vraga! Ne pita' za njega; mjedeničar je.

PIJERO: Bestija ima dukât, a neće da ih pendža.

VLAHO: Ja dukate hranim za nje gospođu sinjoru.

NIKO: Mile, čuo sam da imaš gospođu.

PIJERO: Ljepotu od svijeta!

VLAHO: Mile, ja s dukatmi da t' sam priporučen.

PETRUNJELA: Ti dobar došao!

NIKO: Vrag! Lakom je, udri njega tja!

PIJERO: On uš bi odro za avancat kožu od nje.

PETRUNJELA: Onaki zračan i crljen ne kaže da je lakom.

VLAHO: Ah, hvala, Mile, na favoru; da mi si čestita!

PETRUNJELA: Ne ćamam se ja piu veće Milica, - Petrunjela se ćamam.

NIKO: Da, Petrunjelice draga, on je mizer kako uš, a mi smo liberali kao gospoda. U lijepe, u drage gospođe da smo sluge.

PIJERO: Da smo šćavi.

PETRUNJELA:

Druzi su zasjeli,
sada se ne dijeli!
Brižni lovci od Među crjevjara
lov lovili;
goru obili;
od sve što ulovili,
ništa doma donijeli.

Treći prizor
SIGNORA LAURA (s balkona), SADI i prijašnji

LAURA: Petruniella, che ragionamenti sano quei? Non te ho detto che tu averai delle bastonate, desgraziata?

PETRUNJELA: Madonna, ghe son signori Ragusei; sangue tira, parlar poco, lassame-ghe štar.

LAURA: Entra in casa, desgraziata - Sadi, entra in casa.

PIJERO: Signora bella, non entrate in collera, vi siamo servitori.

Četvrti prizor
MARO MAROJEV (iz kuće od sinjore) i prijašnji

MARO: Ola družino, vi li ste? Al corpo de Iddio, vi ste!

NIKO: O, misser Marino, nebore, da se vidimo! Ili doli k nam sidi, ili da mi gori uzidemo.

MARO: Ja idem doli k vam.

PIJERO: Ne htje da gori uzidemo.

NIKO: Džiljoz je; je li ga vrag uzeo!

VLAHO: Onako se brijeme uživa; a vi zločesti!

NIKO: Majde t' zločesti.

PIJERO: Bogme zločesti.

MARO: Siate li ben venuti!

PIJERO: O, ben trovato, signor Marino!

NIKO: Koliko te smo žudjeli!

VLAHO: Maro, adio!

MARO: Vlaho, odkle te imamo sad?

VLAHO: S Livorna.

MARO: Che bone nove?

VLAHO: Sve dobro! Oto vidim da se davaš dobru bremenu; dobro činiš.

MARO: To toliko se dobiva na svijetu, koliko se čovjek dobru bremenu dava. Dobro živi i zlo živi, mre se; a nakon nas makar ni sparožina ne ostani.

NIKO: Bogme, istinu veliš. A ti se si pod njeku dobru zvijezdu rodio: u delicijah si do grla, - a mi sušimo.

PIJERO: A mi smo zločesti. Umrijećemo, a nećemo jedne zločeste volje ispunit.

MARO: Ja s mojom gospođom uživam. Dokle sam u nje milosti, ja sam čestit; i dokle sam mlad, da uživam, pak kad ostarimo, tako ćemo i kašljat.

VLAHO: Bogme kašljat i bok naš će boljet.

MARO: N' e vero, anima mia bella?

LAURA: Tutto quel che piace a vostra signoria, signor Marino.

Peti prizor
DUNDO MAROJE (dolazi iz voštarije), prijašnji, zatim KAPETAN i ŽBIRI

MAROJE: "Quel che piace a vostra signoria, signor Marino!" Meštre! Signor! U kolajini! U velutu! Gdje mi su dukati, moje pet tisuć, manigodo jedan? S zlijem ženami? Ne odgovaraš? Dukate mi moje, dukate, ribaode jedan! Bježiš, ne odgovaraš, pse jedan?

MARO: Chi sete voi, omo dabben? Che volete?

MAROJE: "Che volete?!"

MARO: Non vi conošco, andate con Dio!

MAROJE: Ajme! Čini me se ne znat!

MARO: E pazzo costui!

MAROJE: Nećeš da me poznaš, ribaode? Da čeka'!

MARO: Arme! Con arme! - Signor capetan, mi vol ammazzar costui!

(El barigello et li sbirri.)

KAPETAN: Piglia, piglia!

SBIRRI: Sta forte! Da qua quel curtel!

MAROJE: Lasciate che ammazzo ribaoda jednoga!

SBIRRI: Die esser pazzo questo vecchio.

KAPETAN: Menatelo in pregion; lo faremo ben guarir della pazzia.

Šesti prizor
VLAHO, NIKO, PIJERO, zatim LAURA

VLAHO: O Pijero, o Niko, vidjeste li feste?

NIKO: Što ono bi? Ja stojim zamađijan.

PIJERO: Ali ja snim ovo, ali sam javi vidio? Dundo Maroje u Rimu, ah!

VLAHO: Rekoh li vam ja er ove feličitati lude malo duraju! Spendza, kurve, vrag i njegov otac - oto ste vidjeli.

NIKO: Bogme je Dundo Maroje u Rim došao, i ove su oči vidjele!

PIJERO: Maro, drži se na kontu!

VLAHO: Pridat će kont, item per dolce pisciar! Ja poznam ovoga starca, vražije je impreze; dezereditat ga će. Ma nemo'mo se oglušit; pođ'mo g barižetu i spovjeđmo mu kao rabota stoji, da neboga starca ne stratra.

PIJERO: I rec'mo mu: sin mu je, za sinom je trčao.

VLAHO: I cijeć Mara pođ'mo štogodi, ako možemo, napravit i remedijat. Intromecajmo se među nje; ne valja ih tako abandonat.

NIKO: Što t' para od onoga Marova trata? Resolvat se u čas i fengat onako na improvisto ne znat oca!

VLAHO: E, da paka ko će š njim remedijat?

NIKO: Chi ha tempo, ha vita, a on je astut kao vrag; ma t' ćeš vidjet er će isplivat.

VLAHO: Isplivaće? Hoću da nađe skužu da u oni čas nije oca poznavao, ma kao će dinare nać koje je spendžao? Za ostalo je sve lasno.

PIJERO: Bogme će to mučno bit! Stiamo a veder kao će ova rabota proć.

VLAHO: Pođ'mo brzo za ovoga starca pomoć.

LAURA: Ah, signori, o gintilomeni, che rumor fu quello?

VLAHO: Signora, certamente non ve l' sappiamo dire.

LAURA: E dove ando signor Marino?

PIJERO: Non sappiamo certo dove se ne ando.

LAURA: Se lo vedete, di grazia, mandatemelo.

NIKO: Faremo volentieri, signora.

VLAHO: ("Signor Marin!" Ono ime delekta me od sinjora.)

NIKO: (Osta pomižana ta sinjorija veće.)

Sedmi prizor
LAURA, SADI

LAURA: Misser Sadi, non aveti lassato il collarin di perle?

SADI: Che so mi, signora. Signor Marin parti via e non mi disse altro.

LAURA: Mo tornera ora ora egli; lasciatelo.

SADI: I denari chi mi dara?

LAURA: Non sapeti chi ve li dara? Forse che questo e la prima volta che abbiam comprato roba da voi? Che montan quelle trenta perle?

SADI: Non le posso dar per manco di cinque scudi l' una; che sarebbono: cinque via dieci - cinquanta, cento, cento e cinquanta scudi, montarebbono.

LAURA: In nome de Iddio, lasciatele; como torna signor Marino, subito vi contara i denari.

SADI: Averia a caro esser con lui.

LAURA: Sadi, par che non vi fidate del fatto mio!

SADI: Non e, signora, che non mi fidi, ma era ben che ci fusse lui.

LAURA: Ci sara anche lui, lasciatele; e ci son ora io, et io e lui siamo una istessa cosa.

SADI: So! Dio faccia esser sempre insieme, che certamente voi avete lo amante degno di voi, et egli la signora degna de lui. Le perte che importa che io li porti con esso meco e torni da qua a un poco?

LAURA: Importa; che io le voglio metter al collo, e non vorria che qualcheuno, vedendole e piacendogli; ve le pagasse qualche cosa di piu, et io ne restasse priva. Conosco ben io la avarizia di voi altri ziudei.

SADI: Siamo quel che vol la signoria vostra, et faro quel che piace a quella.

LAURA: Spettate, scendo giu alla porta.

SADI: Per Dio, mal volentieri le lascio; non mi piacque quel che vidi correr quel vechio drieto il signor Marino. Sti giovani spendono alla cieca, se indebitano, inbrogliano et poi danno del sulzo. Quel vecchio pareva che dicesse: "I mei ducati!", ducati nominava, il resto non intendevo. Ma questa signora altre volte me ha pagato liberamente; credo non mi mancara neanche questa volta.

LAURA: Misser Sadi!'

SADI: Eccovi le perle; sono trenta, contatele voi.

LAURA: Cinque, dieci, quindeci, vinti, vinti cinque, trenta, - sono tutte. Sadi mio, tornate da qua a una ora, et ser Marino vi contentara i vostri cento e cinquanta šcudi. Queste perle portaro per amor di Signor Marino.

SADI: O, le vi stanno bene! Che possiate goderle in grazia del Signor Marino lungo tempo.

LAURA: Dio lo permetta.

SADI: (O che liberal gentilomo: cio che ha non e suo!)

LAURA: Sadi mio, se voi sapeste, queste cose me ha comprato d' un anno in qua, voi ve ne maravegliareste, forse per tre milia ducati di gioie, collane, vestimenti et altre cose.

SADI: Bon pro vi faccia, signora! Non posso piu star con voi: io ho da far; da qua a una ora tornaro da voi.

LAURA: Andate in bona ora, Sadi mio caro.

Osmi prizor
TRIPČE (sam)

TRIPČE: Odavna je rečena ona sveta riječ koja bi valjalo da je zlatom pisana: "rumores fuge". Majdeši, stiam frešchi per Dio: andar a combatter con li sbirri! Za koga? Za vraga i njegova oca, - za jednu bestiju mizeru kako uš! Ostavio me je na voštariju; jesu dvije ure jer je prošlo brijeme od objeda. Da vrag vazme njegovu zlu ćud; da ti dobročesti človik uspomenu za objed, za ručak, za vraga, da ga vazme! Po četiri vanđelje i Blaženicu od Kotora, kao ova bjestija nije otac sinjora Mara: ono je sinjor i gospodar, a on je njeka mahnit. Drago mi je er se ne ukazah iz voštarije, da mi ne bi sinjor Marin za zlo imao. Umirem od glada, poću se domom založit dva bokuna e andar a far i fatti mei. I ja sam pošao kortidžat ljudi koje ne znam! Bjestije mene! Još da buđah s njim ter da ubodijaše sinjora Mara! Quae par est?

Cuius generis? Ostajah in delitto š njime! Ubojica, po svetoga Tripuna! Vrag ti me vođaše per farmi scavezzar il collo. Ma Blaženica naša devota od Kotora miraculosamente slobodi me od velika zla. Hvala tebi net sam! Personom mogu slobodno i s otvorenijem čelom moje posle činit po Rimu. Oto, malo uvrijedih tobolac; kosta me un boccal de vin: onomu njegovu čovjeku siromahu dah se napit, - carita! Ne da mu ni jesti ni pit, a hoće da ga služi! A on i dobro učini, - u potrjebu ga abandona, - štica se unutra u voštariju kad se vidi da ga vuku in pržon. Da' jesti sluzi i kareca' ga in malora, da za tebe na potrjebu skoči, ali mu sašij prkno, da ne ije, i nasol' ga i stavi ga u komin. Mi moro di fame, umrijeh od glada; poću dva bokuna izjesti.

Deveti prizor
BOKČILO, PRVI OŠTIJER i DRUGI OŠTIJER

BOKČILO: Jaoh si ve meni! Bijedan ja, u koji ve ti čas dođoh gdje ruka maha, bogme, gdje ruka maha. Jao meni, jao! Gospara za kose odvukoše tamo, a bijedan ne znam hoće li i mene vodit. Ma koga sam vraga ja učinio? Zašto li me će vodit? Ma jaoh si ve bijednu meni, što vodiše - vodiše, dovodiše - mene dovedoše. Bijedan, ne znam kud ću ni kamo ću! Putu nijesam vješ, jezika ne umijem, spendzice truđahan ne imam, ne poznavam čovjeka ni tko mene.

PRVI OŠTIJER: Dove e costui? Se n' e fuggito il traditor! Eccolo, per Dio, che netta via. A, gaglioffo, ti netti e non voi pagar la oštaria? Il mangiar ti fu dolce, 'l pagar ti e amaro, n' e vero?

BOKČILO: E, Maro, gospar Maroje će platit.

PRVI OŠTIJER: Che maro, da qua quel caban; manigoldo!

BOKČILO: Hajme, manigoda zove! Nijesam ja po Djevicu ništa, nijesam ja kriv!

PRVI OŠTIJER: Cri, cri, canta ora kirieleison e letanie.

BOKČILO: Jao meni, jao bijedan ja! Letanije? To da se

ispovijem? Nijesam po križ Božiji!

PRVI OŠTIJER: "Boži, boži", che manigoldo!

BOKČILO: Ajme, Božiji, Bogu da duh pridam! Nemo' zvat, gospodine, manigoda! Jao, nijesam kriv ja, jao!

DRUGI OŠTIJER: Che diavolo urla qua? Che ha costui?

PRVI OŠTIJER: Non vol pagar la oštaria, e gli ho tolto il gabban.

BOKČILO: Nijesam ja, gospodine!

DRUGI OŠTIJER: Manda con giavolo sta bestia, introna mezza Roma con suo urlar.

PRVI OŠTIJER: Che manigoldo, ne?

DRUGI OŠTIJER: Rendegli el gabban e mandalo con giavolo; quel vecchio pagara per lui.

PRVI OŠTIJER: E dov' e 'l vecchio? Non vedeste voi che fu menato in pargione?

DRUGI OŠTIJER: Ci e non so che del suo in casa; siamo securi.

PRVI OŠTIJER: Dunche gli rendo il gabban?

DRUGI OŠTIJER: Rendeglielo.

PRVI OŠTIJER: To, va via!

BOKČILO: Ah, da te Bog pomože, Djevica te krunila krunom! Majko Djevo, smili ve se, - tebi hvala! Korunicu veće da t' pojem, zavjetujem se, svaku subotu. Majko od sirota, skapulah! Nije nikoga! Ma, bijedan, što veće isčekujem? Prida' nogami, Bokčilo! Ma, tužan, kudi ve ću? Kamo li ću nevješ opet u stupicu upasti? Poću se ovamo s strane gdjegodi skrit i čekat jeda tko od našijeh prođe. Žeđahan sam, a srdačce mi je utrnulo. Djevo Majko, u tvoje ruke!

Deseti prizor
POMET (sam)

POMET: Je li čovjeku na svijetu srjeća u ruci kako je meni? Je li itko pod nebom gospodar od ljudi kako sam ja? Bez mene se nitko ne može pasat, bez mene se ljudi ne umiju obrnut. Gdje nije Pometa, tu nije ništa učinjeno; gdi nije Pometova konselja, tu sve stvari naopako idu. Zatoj se je dobro reklo: čovjek valja za sto ljudi, a sto ne valjaju za jednoga. Ja maloprije otidoh za ispitat od došastja Dunda Maroja; oto t' cum fustibus et laternibus vuku Dunda Maroja u tamnicu! Gledam ali ja snim ali bilj vidim - Dunda Maroja među Irudi i Pilati gdje ga vode kao Barabu! A njeki tri iz Dubrovnika, amanti od Prijekoga, došli su s malom gracijom g bariželu, govoreći: "Capetano, el e un di nostri, lasciatelo - e suo padre". A barižeo im odgovara: "Che padre, che di nostri, che lasciar! Ognun largo!" Istom se čovjek, pravi čovjek sunu: Pomet dođe, - s strane, dijeti! S reverencijom se poklonih Dundu Maroju, a kapetana s reverencijom salutah; a barižeo je vas moj, a tko Pometu nije prijatelj u Rimu? Bariželu rekoh dvije riječi na uho. Vlah Vlaha potište, a katunaru kletište! In pocis verbibus intendiantur vobis - razumje me! Dundo mi Maroje ukratko spovidje kao je rabota prošla, a meni se srce obeseli. A smijeh mi dohodi od trata sinjora Mara: "Non ti conošco"! Šuma t' mati, ne poznavam te! Ne htje da pozna oca, ma ga će, bogme, i za nevolju poznat. Tudeško, moj idolu, sada se drži, tvoja je sinjora! Or ja s reputacijoni slušam i stojim kao gospar čovjek, a Dundo se je Maroje ukuvečio, ter mi se priporučuje; a ja stojim sulle mie reputazioni. Rekoh: "Ne brini se, napravićemo tu rabotu". Druge dvije riječi rekoh bariželu na uho, - uhitih Dunda Maroja za ruku, tako i odšetah š njim. I starac poče mi baretu skidavat, a zahvaljuje mi; a ja: "Nea bareta stoji".
A sinjor Marin mi prijeti! Ah, hoću danaska da zna što je Pomet, što je čovjek virtuoz, čovjek virtutibus praedutus! Odpravih Dunda Maroja s onjezijema trijema vlasteličići, spačah se od njega najbrže, - znam mu ćud: držao bi me s sobom tri dni i tri

noći u postu i u penitenciji. Odkinuh se i rekoh: "Imam posala, velicijeh posala, dostojnijeh Pometa baše". Pomete, da, Pomete, pače plemeniti kralju i gospodine, Pometov trbuše sofriktani, veseli se, hrani se na delicije, na zalogaje, na manu nebesku, na vareno, na pečeno, na prigano, na podprigano, na tortice drage, na sapuriće incukarade i s vodicom rusatom, na jetrice slatke od kapunića, na guske, na patke, na paune, na galine od Indijana, blaženstvo vječno! Za tebe Pomet sve stenta, za tebe se sve ovo spravlja, kralju i gospodine! Ti si moj, ja sam tvoj; ti meni gospodar, a ja tvoj sluga i pudar, - pudar, bogme, pudar, er ja tebe čuvam od zla čovjeka - od octa i blute, od goveđega mesa i od tjezijeh poltronarija; a ti me ne pretiliš inijem neg bratkovinom i smokvami. - Ma tko ide ovamo? Popiva je.

Jedanaesti prizor
POPIVA, POMET (sakriven), zatim PETRUNJELA

POPIVA:

Chi t'ha fatto quelle šcarpe,
che ti stan si ben,
che ti stan si ben?

POMET: (Popijeva!)

POPIVA:

Che ti stan si ben,
Gernietta,
che ti stan si ben?

POMET: (Bogme te ću domalo još vidjet plakat.)

POPIVA: Petrunjela!

PETRUNJELA: Brajo!

POPIVA: Srčano zeljice, uzmi ovo.

PETRUNJELA: Moj gorki pelinku, dobar mi si došao kad si donio.

POPIVA: Moje slatko nespanje, Petrunjelice, kolikrat me si činila ne spat!

PETRUNJELA: Što to, brižan?

POPIVA: Gdi je sinjora? Čuje li nas sinjora?

PETRUNJELA: Onamo se grije u onoj kamari na kaminati, govori slobodno.

POPIVA: Uzmi ovu pratež! Jaoh si ve, moja nemoći, Petrunjelice, huda ptičice, vidiš kao te hranim, a ti tvrđa kamena, sjetnico, komu se hraniš? Zločesto' starosti?

Daj se, daj se, a ne haj se,
daj se za me i udaj se;
nećeš lačna sa mnom biti,
zimi vruća, hladna liti.

POMET (iz kantuna): (Ah, pse jedan, i Petrunjele mi se hitaš?!)

PETRUNJELA:

Hoću, hoću, tugo moja,
misli, nesnu, za bit tvoja;
budući moja dat se i dati
misli ću se, da ti 'e znati.

POMET: (Popiva, proždri toj!)

PETRUNJELA: I zbogom! Poću večeru kuhat:

POPIVA:

Drag džilju,
kad ne sad,

kadgodi,
bit su rad.

PETRUNJELA:

Rozico,
da čekaj,
još će doć
danak taj.

POPIVA: Jaoh, ako nije došao, veće i ne došao!

PETRUNJELA: K sebi ruke, ja t' velju!

Dvanaesti prizor
POMET, BOKČILO

POMET: Nut psa prozuntoza, ja te ću domalo poslije. Ko ovo ovamo bata na klopcijeh? Fodža nova u Rimu, para dubrovački tovijernar. Odkle si ti? Tko si ti?

BOKČILO: Ah, Majko blaženico Luncijato, hvala tebi!

POMET: Bogme je Dubrovčanin!

BOKČILO: Iz Dubrovnika sam! E, Pomo, Pomete, nea mi ti ručicu celivam.

POMET: Tko je ovo?

BOKČILO: Bokčila ne poznavaš? Koliko si vinca na mojoj tovijerni popio, a zaboravio me si!

POMET: Bokčilo, pjanico, ti li si? Koje te u Rim dovedoše na ova vina, na ogrestiju?!

BOKČILO: Moja nesrjeća! S gospodarom sam Marojem došao, da ga ubije Bog! Trča za sinom Marom s pužetom, i tamo ga odvedoše; ne znam k vragu gdi je, a mene je ostavio. Ni umijem jezika ni sam vješ mjestu, a što je najveća, jaoh si ve tužnu meni, nije spendzice!

POMET: Ta je, Bokčilo, najveća! (Ovo mi okazijoni! Sad mislim učinit trat, jedan trat; nu gleda'te!) Bokčilo, sve znam: sad te ću uputit kao ćeš otit gosparu i kao ćeš miran bit.

BOKČILO: Ah, Majka te od sirota pomogla!

POMET: Pođi na ona vrata ondi i pokuca', i reci: "Je li Popiva gori?" Popiva ti se će ozvat; reci mu: "Trči najbrže, gospodaru ti je otac došao, gospar Maroje, i donio je veće sto tavula džambjelota i toliko vrjeća papra i druzijeh prateži za trijes tisuć dukata; trči na voštariju 'od zvona', er ga su tamo njeki tri vlasteličići poveli"; i reci mu da ga povede doma i da starca guverna, dokle Maro dođe. I ne govori er te sam ja poslao. Siromaše, trči najbrže, tuj ćeš doć gdje ćeš pit, jesti i počinut kao kralj.

BOKČILO: Zahvaljam, Pomo, da ti Bog plati! Na ona li vrata?

POMET: E, na ona vrata. - (Poću iz kantuna virit hoće li umjet opravit.)

Trinaesti prizor
BOKČILO, POPIVA, POMET (sakriven), zatim LAURA

BOKČILO: Tik, tok!

POPIVA: Tko je ovo?

BOKČILO: Jeda je Popiva gori, Marov sluga?

POPIVA: Tko je ovo? Tko Popivu pita?

BOKČILO: Bokčilo je iz Dubrovnika, stari sluga, a staroga gospara Maroja.

POPIVA: Odkle ideš ti?

BOKČILO: Gospar je stari došao na proštenje.

POMET: (Dobro! Ovo ga ja nijesam naučio.)

BOKČILO: I donio je džambjelotâ tabulâ veće stotinu, i vrjećâ papra i čafrana drugu stotinu...

POMET: (Aferin Bokčilo, ni ovo ga nijesam naučio.)

BOKČILO: ... i robe graciju de Diu veće za peset hiljada munite dukata.

POPIVA: Bokčilo, ti li si?

BOKČILO: Popo, Popiva, sidi doli, da mi ti je ručicu tegnut; živi se vide kadgodi, a mrtvi nikada.

POPIVA: A, Bokčilo, dobru nam si nôvu donio! Da mi ti se je dat napit.

BOKČILO: Ovo je dubrovačko dijete: blaženo mlijeko, koje sisa!

POPIVA: Sinjora, čula si?

LAURA: Čula sam.

POPIVA: Bone nove!

LAURA: Bone! Čin' da ta čovjek uzide gori.

POPIVA: Bokčilo, veli gospođa da uzideš gori.

BOKČILO: Pate, za posluh sam.

Četrnaesti prizor
POMET (sam)

POMET: Dobro, dobro, bože! Ovo trata, ovo novele! S Pometom imate što činit, kanaljo, neljudi, siromasi! Pomet se s vami rve.

Poću sada nać Dunda Maroja alla oštaria della campana, ter mu ću sve spovidjet i naučit ga ću da s Popivom unjiga, dokle ga doma povede. Kad im Dundo Maroje u kuću uljeze, to prve će fačende trjeske, bune bit, konti se će iskat, - dinari su spendžani! Tot ja i moj Tudešak, ostasmo eredi delli beni di condan signora Laura. Fora, fora bez mjedi! U Dubrovnik, s vragom, na krinicu juhe i na deset peča u dinaru mesa. Poletjeh veće ovi posao opravit.

Petnaesti prizor
MARO (sam)

MARO: Hajmeh, nesrjećo, krudela nesrjećo, veoma ti me ubi, veoma ti me ucvili! Ah, lakomosti od otaca! A oci vragovi, neprijatelji mira i goja i kontenta od sinova! Desponjao se je u Rim doć za ruinat me, za umorit me! Krudeo čovjek, veće ljubi dinar neg sina, jednoga sina koga ima. S kojom je gracijom došao, gdje li me je našao! Vrag uzeo čas i hip kad nijesam prije dan umro, er umrah miran; a sada ovi krudeo čovjek hoće da vodim desperan život, da provam muke pakla. "Dukate, dinare!" Vrag uzeo dukate, makar i tko ih kuje, pokli se kažu, kad se pendžaju, toliko slaci, a kad se spendžaju, zmije, lavi koji nam srce deru i ijedu. Ovi mi će vrag ktjet konte iskat, - konte! U vraga ti konti! Došao je skapulavat što je u morske pučine utonulo. Vrag uzeo i dinare, makar i njega!

Je li na svijetu nesrjećniji čovjek od mene? Ima li ijedan sin ovakoga oca kako i ja? Stoje li ičigove stvari gore neg moje? A sve je uzrok ovi ne otac ma smrt moja! Oni krudeo čovjek, ajme, osramotio me je; što ću sada, ter prid sinjorom Laurom? Hajme, sinjora Laura, strah me je er te ću izgubit, strah me je er ću i život izgubit. Jaoh, izgubio se sam, ne znam ni kud hodim ni što činim, ni znam što ću. Sinjori ove tuge ne valja da spovijedam. Sinjore neće tuga ni tužnijeh amanata; dijele dobro brijeme sa amanti, od zla brjemena neće dijela. Poću nać Popivu i š njim deliberat kako se imam vladat.

TREĆI ČIN
Prvi prizor
POPIVA i BOKČILO

POPIVA: Bokčilo, gdje reče da ćemo nać Mara?

BOKČILO: Na voštariju "od zvona".

POPIVA: Da umiješ ti poć?

BOKČILO: Ja, bijedan, ne znam ni gdje sam ni kud idem, nevješ kao slijep.

POPIVA: Da hodi sa mnom, ja ti ću vođak bit.

BOKČILO: S tobom, Popiva, moje srce popîvâ; ja s tobom makar u pakao. Golemo ti vince ono u gospođe biješe; hubava ti je vladika u njoj.

POPIVA: Bokčilo, ono je Dalmatinka, ono je dalmatinsko mlijeko sisalo.

BOKČILO: Vidjet je; nije kako i one brižne šturljive njeke parlašuše.

POPIVA: Je li gospar Maroje zlatijeh dukata donio?

BOKČILO: Donio je njeku skrinjicu; teška je, mnim da je munida u njoj.

POPIVA: Dobro naši posli idu; pođ'mo najbrže!

BOKČILO: Kuha li se večera doma?

POPIVA: Stoj miran, biće svega.

BOKČILO: Tebi se priporučujem, Pôpo, Popiva, moj kneže i gospodine!

POPIVA: Što ć' ino neg da si sit i pjan?

BOKČILO: Ah, da te Bog veseli, - to toliko hoću.

Drugi prizor
DŽIVO (sam)

DŽIVO: Moj Bože, mučno ti je umjet živjet na svijetu; mučno ti je znat što se hoće čovjeku. Nam mladijem uspara većekrat da sve znamo i da sve umijemo; ma brijeme, koje nam je meštar, uči nas i kaže nam dan po dan er što veće naučivamo, tot manje umijemo. I para da su veće scijenjeni oni ljudi koji u sebi drže da manje umiju neg oni koji se scijene da vele znaju i razumiju, er tko se vele scijeni, a ne umije, operavši čini veću štetu neg koris. Ja, budući u Dubrovniku, paraše mi da sve znam i u mojoj prozuncijoni desponjah se moju prvu bratučedu Peru svjetovat i navesti da ide u Rim vjerenika iskat Mara i da iz tečina haholjka izme trista dukata, kako je i učinila, a sve to ne stavljavši pamet na što ima doć, neg slijedivši volju ku ktjeh ovizijem ludijem medzom ispunit za poć u Rim, - volju ka mi paraše slatka, a sad mi se je u grkos obrnula. Ovdi sam, a ne znam ni umijem koji partit obrat. Peri ne basta animo vjereniku se ukazat, a meni manje od ruke ide rijet mu. Dubitam er bi mi za zlo imao er ju sam doveo, i ne bi manjkalo da me ovdi u Rimu čini ubit. In fine nije njemu odkrit ovu stvar, ni znam što ću. Paraše mi iz Dubrovnika otit na pjačer u Rim, a ja sam došao na misli, na nesan, na velika fastidija, a najveće mi je mislit, kad se vratim u Dubrovnik, koja mi će čâs bit od ludosti koju sam učinio; i ako mi je paralo da što umijem, sada razgrizam gdi me je moja prozuncijon dovela. Napas, gdje ne mogu ni naprijed ni nazad, ni znam ni umijem što ću, trijeba mi je čekat da sam s neba mirakulozamente pomožen, inako tonemo na prješu. Ah, fortuna, gdje me si dovela?! Poću se vrtjet po Rimu sjemo, tamo, da me tuga prođe i čekat manu s neba ili ostat ruinan.

Treći prizor
SADI Židov, LAURA

SADI: Tik, tok!

LAURA: Chi e giu? Sadi, sete voi?

SADI: Signor Marino sarebbe tornato?

LAURA: Non e tornato ancora.

SADI: Signora, io ne ho da far un pagamento da qua a una ora; per altro non vi daria fastidio.

LAURA: Mo ben, signor Marino non potra star a venire.

SADI: Signora, non averesti voi alle man qualche scudo? Ne avevo gran bisogno.

LAURA: Non certo, Sadi mio, tornate da qua a un poco, e sarete soddisfatto.

SADI: Faro quel che piace a vostra signoria.

LAURA: (O, son fastidiosi sti giudei!)

Četvrti prizor
SADI, zatim MARO

SADI: Per Dio di Abram, Isac et Jacob, fui pazzo a lasciar quelle perle! Cortigiane, ah! Bertoni, ah! Non bisogna dormirvi su questo fatto, bisogna sollicitar, infastidirgli e battere il ferro mentre e caldo. Son cento e cinquanta šcudi, non sono frašche. Ma ecco signor Marino, per Dio. - Basio la man a vostra signoria, signor Marino.

MARO: Che c' e, Sadi?

SADI: Le trenta perle che ha tolte la signora, a cinque šcudi l' una, montano ščudi cento e cinquanta.

MARO: Oh, Sadi, montano troppo!

SADI: Di tanto abbiamo fatto el mercato, et ella se ha contentata.

MARO: Poiche ella se ha contentata, mi contento anche io.

SADI: I danar avreste appresso?

MARO: Andavo ora a casa a portarveli.

SADI: E dove vi trovaro io?

MARO: Venite dalla signora.

SADI: Non potria venir con essovoi a casa.

MARO: Voi sete fastidioso, Sadi! Quando vi dico io, tornate da qua un poco dalla signora, et sarete soddisfatto.

SADI: Quel che piace a vostra signoria, signor Marino; vi son servitore.

MARO: Addio, vago a casa.

SADI: Andate in bonora.

Peti prizor
SADI (sam)

SADI: Cazzica! Non besogna esser pigro a questo fatto; costor a pigliar roba sono facili, a pagarla sono duri piu che 'l diamante. Non vo andar altrimenti a casa, vo ascondermi drieto a questo canton per aspettar questo mio messia. Se non gli infastidišco, stenterò da aver il mio.

Šesti prizor
MARO, zatim LAURA

MARO: Jedva se izeh od ovoga vražijega Žudjela! Počela me je nesrjeća persegvitat; trijeba će bit plaćat duge, a vrag uzeo i dinare, a dinara nije! Iznio bijeh dvijesti dukat za platit dijamant i rubin što sam sinjori obećao, - neću 'oj manjkat. Ako oni vražiji Žudio izide, triba mu će bit kontat od ovizijeh dinara sto i peset škuda za perle. Jeda ne izide! Poću do sinjore, da mi ne bi za zlo imala jer nijesam, jesu dvije ure, u nje bio; i ono što me oni vražiji otac tjera dat joj razumjet štogodi drugo. Još da sinjora uzazna ove moje tuge, toprva bi na mene sva zla pala.

LAURA: Signor Marino!

MARO: Bene mio!

LAURA: Čula sam, drago mi je.

MARO: Što si čula?

LAURA: Od mene tajiš?!

MARO: Što, sinjora?

LAURA: Da ti je otac prišal ovdi. Što mučiš? Jeda ti nije drago er ja znam?!

MARO: Tko ti je rekao?

LAURA: Junak njegov bil je ovdi; veli: na proštenje je došal. Vele da je vele trgovine donil.

MARO: Zbilj li govoriš?

LAURA: S Popivom je taj junak otišal na oštariju della campana za dvignut starca i povest ga u vas doma.

MARO: Ter je Popiva to učinio?

LAURA: Zač ne?

MARO: Imao je najprvo k meni doć. (Ah, kurvina traditura, zaklat ga ću!)

LAURA: Ča je on kriv? On mni dobro učinit; a zač? Na vjeru ti je dobro učinio.

MARO: Sinjora, ne za ino neg er ima sve mene pitat. Poću najbrže nać ga.

Sedmi prizor
SADI i prijašnji

SADI: Ben trovata la signora vostra, signor Marino!

MARO: Sadi, ho una faccenda di gran inportanza, non mi dar fastidio ora!

SADI: Signor, ho a far un pagamento, ora ora, di ducento ducati; altramente andaro in pregione.

MARO: Non tegli posso dar ora.

SADI: Rendetime dunque le mie perle, che io non mi posso passar altrimente. Crederei potermi servir da voi a ogni mio besogno di trecento et quattrocento ducati come d'un banco, et ora al bisogno non posso aver il mio.

MARO: Sadi, non pensavo che voi fossi tanto fastidioso.

LAURA: Soddisfatelo in sua malora, poich' e tanto inportuno.

MARO: Non e, signora, che io non li posso contar sti denari ora ora, ma il bisogno grande che ho mi spingeva ad andar presto, e i denari sarian, come sono, a ogni suo piacer. To qua: cinque, dieci, quindeci, etc. etc. Sete soddisfatto?

SADI: Signor si, gran merce alla signoria vostra! Se non avevo bisogno ora, non vi davo fastidio; abbiateme per escusato. Un' altra volta servitive della roba mia, con danari et senza, a ogni vostro piacer.

LAURA: Sadi, ricordatevi di quel pendente.

SADI: Signora si, mi racordo bene.

LAURA: Signor Marino, c' e uno che vende un pendente, domanda duacento šcudi, una bella cosa obisit ga! Nove perle! O, dobro ti bi stao!

MARO: Sve što je tebi drago, sinjora! Da ga vidimo; poću ovi posao opravit.

LAURA: Na večeru te čekam.

MARO: Ne znam hoću li moć.

LAURA: Ukradi se i dojdi.

MARO: Učiniću sve što je tebi drago! -

Osmi prizor
MARO, zatim POPIVA

MARO: Vrag uzeo čas i hip kad izide ovi Žudio! Izeše mi sto i peset dukata! Toliko mi ne ostaje u ovo zlo brijeme, - vražije brijeme koje mi se pripravlja za ruinat me, za rasčinit me. Ah, Popiva, ruinao me si, poveo mi si vraga oca u kuću, - razgledat će moje stvari! Pacijencija! - Veseo ide, a meni srce plače! - Bevegna galanti! Per Dio s' džintio mladić i umiješ sve; gdje si dosle bio?

POPIVA: Gospodaru, otac ti je došao.

MARO: Tebi došao zao dan, zlo godište! Vrag ti po dušu došao!

POPIVA: Gosparu, za Boga što je? Što je intravenjalo? Jeda sam koji eror učinio? Da se remedijava, ako smo koji eror učinili.

MARO: Jeda si koji eror učinio? Ruinao me si!

POPIVA: Za Boga, što li? Kako li?

MARO: Ajme, nije remedija, pse jedan! Ti je neotac: došao je za osramotit me, za ruinat me u Rimu, za gledat mi konte, za reprendžat me, za kastigat me!

POPIVA: Govore da je došao na proštenje i da je donio čudne prateži i trgovine; i on govori.

MARO: A je li onomu neprijatelju Božijemu vjerovat? Ti ne znaš kako me je prid sinjorom našao i kako je za mnom trčao s kordom, i ja sam u ono all' improvvista fengao ne znat ga, i tratao ga sam mahnica, i barižeo ga je bio odveo u tamnicu za oružje. Vrag uzeo kad ga nijesu objesili, pokli on meni ove muke zadava. Ne znam koji ga je vrag činio pustit; za oružje u Rimu idu vješala.

POPIVA: Ajme, tako li je? Njetko nam je novelu učinio! A nitko ini neće bit neg Pomet; ne imaš inoga neprijatelja u Rimu neg onoga traditura.

MARO: Ajme, ne znam ni tko je ni što je, neg vidim er mi je sve zlo na glavu palo. Dohodi mi volja uzet nož ter se ubosti i ne patit veće tolike tuge.

POPIVA: Gospodaru, ne valja se desperavat ni tako abandonavat; svemu je remedijo neg samoj smrti. Da se ide na remedija! U fortuni se dobar mrnar poznava; na provu od ognja fineca se od zlata poznava. Nije ga tu plakat ni ktjet umrijet, neg se ne abandonat, pomagat se.

MARO: Ja sam izgubljen, ja ne umijem što. Za rane Božije, je li koje remedijo? Da, nauči me, sve ću činit.

POPIVA: Hoć' činit što t' ja velim?

MARO: Hoću, sve ću činit! Ti meni sad budi gospodar a ja ću tebi sluga, istom da se isplije.

POPIVA: Dokle čovjek može koporat, valja da se pomaga.

MARO: Ovo sam, da koporem i da se pomagam.

POPIVA: Učin' ovo, i našao ju sam!

MARO: Da se čini, kad ju si našao.

POPIVA: Pođ' u sinjore i odkrij jo' se.

MARO: Ovo je džusto rijet: "Pođ', uzmi konopac ter se objes'", - ter se sinjori odkrit!

POPIVA: Čuj me, per amor de Dio, daj mi rijet.

MARO: Reci; davam ti rijet. Ah, fortuna!

POPIVA: Velim, pođ' u sinjore. Sinjora scijeni - i ne bi jo' vas svijet dao razumjet da je inako, - da tvoj otac ima velike trgovine, prateži i zlato; i scijeni da je prvi bogatac ne od Dubrovnika, ma od svega Levanta, i zna er ne ima neg tebe jednoga sina.

MARO: Zna, sve zna! Kako tolike partikularita ona može znat?!

POPIVA: Kortidžane, prije neg uzmu jednu taku pratiku, hoće znat tko ti je na krštenju bio, - što ti ne znaš, - a neg tko ti je otac i kako je i što može i ne može.

MARO: Nu, bud' je tako, ter što pak?

POPIVA: Pođ' u nje i odkrij jo' se u dvije riječi: "Sinjora, sad je brijeme da me pomožeš, a ja, ako sam tvoj bio ovoliko, sad mislim bit vas tvoj sa svijem mojijem imanjem. Ti dobro znaš tko sam i tko je moj otac. Mene znaš kakav sam s tobom, a moj je otac od lakomijeh ljudi od svijeta: ktjet mi će iskat konte, a dinare sam s tobom spendžao; mni da sam spendžalac, er su oci taki". Da Sadi ebreo provedža svita za jedne tri tisuće dukata, a da mu sinjora da penj, da se samo ta finta mostra učini, ne drugo.

MARO: Nut riječî; sinjora da mu da za tri tisuće dukata penj! Para li mao penj od tri tisuće dukata? Ne imaju za tri tisuće dukat dzojâ papine nepuče!

POPIVA: Papine nepuče? Oto joj si ti za tri tisuće dukat dosle dzojâ iskupovao, a zaboravio si. Ma neka dzoje stoje; sinjora ima na jednom banku za četr tisuće škuda, što ti, morebit, ne znaš. Ma ne gleda' ti ništa ino, neg viđ jeda ti ovo može reuškat.

MARO: Ter kad se nađe prateži za tri tisuće dukat i sinjora obeća, što da poslije učinimo?

POPIVA: Sve da učinimo, sve da napravimo; tizijem se će sve načinit. Da ti pođeš i da se svučeš iz toga veluta, i da se obučeš na trgovačku, i da pođeš k ocu i da fendžaš, da ti ono nijesi bio najprvo, ma tkogodi tko tebi prilikuje. I kad ti ustjedbude iskat kont, ukaž' mu svite, a od ostaloga da' mu razumjet da si gdjegodi poslao, ali da imaš skodžat. I dođ' k njemu s reverencijom.

MARO: Stvari fastidijoze, partiti mučni, a svlačit se iz ovizijeh haljina! A i ne imam haljina od svite.

POPIVA: "Partiti mučni, a i ne imam haljina od svite!" Trijeba se je ne abandonat, ako hoć' ne ostat sramotan i ružan po bradi i po glavi. A brineš se haljinami, kako da u Žudjela nije haljina tacizijeh za okordat, - gran cosa! Kao se si u adversitati veoma izgubio! Svak u dobru umije papat, ma nu mi se u zlu umjej akomodat.

MARO: Oršu, Popiva, rekao t' sam da te ću slušat; što mi veliš, sve ću učinit. Hod' naprijed, vod' me kud znaš.

POPIVA: "Vod' me kud znaš!" Da' da tanac izvedemo! Tao ti

Boga, što "vodi me"? Otresi se, da pođemo k sinjori s svijetlijem obrazom, er ako sinjora nota tvoju malankoniju, u suspet uze i ne učini ništa, a tebe udri nogom.

MARO: Oršu, Popiva, resolvao sam se! Da se ponesemo kao indženjozi ljudi, da se ide k sinjori. Ne bi li bolje bilo da ja najprvo s Sadi Žudjelom govorim i da njega najprvo desponjam?

POPIVA: Ekčelento, dobro bi bilo! To te hoću gdje se i ti počeo indženjavat.

MARO: Bî li u Džanpjetra zlatara?

POPIVA: Bih.

MARO: Hoće li donijet rubin i dijamant?

POPIVA: Rekao mi je odsad do kvart ure da će doć u sinjore.

MARO: Ne bi zlo bilo da sinjori ja realo rubin i dijamant, koji će Džanpjetro donijet, darujem i prid njom platim.

POPIVA: A hoć' imat dvijesti škuda na ruci?

MARO: Nješto imam, a nješto se mogu učas vrh dvije kolajine moje velike i vrh manilja servat. Ajmeh, Popiva, veće nije dukât! Ako nas srjeća ne pomože, otidosmo na ošpedao.

POPIVA: Bit će što da Bog; chi ha tempo, ha vita.

MARO: Platio sam sada sinjori kolarin od perala; oni vražiji Žudio htje danas dinare u najveću moju potrjebu.

POPIVA: I drago mi je, neka sinjora volentjerije učini nam ovi pjačer. Oršu, da se čini što se ima činit.

MARO: Pođi ti u Džanpjetra zlatara, da donese džoje, a ja ću poć dinare provedžat za platit ih i nać Sadi Žudjela i desponjat ga za ovu rabotu.

POPIVA: To te hoću, tako mi otresen budi! Pođi, a ja pođoh po zlatara.

MARO: U kući si onoga neoca ostavio; provrć mi će sve moje bagatele, pacijencija! Ovdje trjeba učinit srce od lava a obraz od zle žene.

POPIVA: Hodi veće, ne pita' za drugo.

Deveti prizor
PETRUNJELA, zatim TRIPČE

PETRUNJELA: Jezus, abe Marija, kad se ovako stavi koja na koga, tako ni ije ni spi, neg sve njega hoće, sve o njemu misli. Ova moja gospođa, odkle je čula da je Maru otac donio tolike trgovine, tako... Ah, zaboravih Maru rijet da se svrati u drapijera Luke, da mi čini donijet peču veluta karmizina za vesturu; ah, zaboravih i da čini donijet drugu peču demaškina bijela; ah, i da se svrati u kožuhara za onu poctavu od dzibilina i za drugu od riza. Sjetna, sakraja koliko da ovi ima gdjegodi puč dukata, ter da ih romijenčom crjeplje. Uh, brižne ve one dubrovačke potištenice štono se čersaju bulom i usta na suhvicu čine u koretu od abe; kad optoku koja od dzetenina ima na koretu, para joj da je njeka gospođa velika, - u cokulicah! A, sjetna, ako dvaš na nedjelju vare, i još da im može to bit! A ove? Odre od svile; što nose po kući, od svile; kamare im su obstrte svilom; sve u srebru ijedu, ijedu vazda letušte; svaka hoće dvije kamarijere, koje ini posao ne imaju neg nju oblačit i kamaru načinjat, - a kako to! Ja ne smijem joj ni u kamaru uljesti; ja kuham i perem, i jošte s drugom.

Brižna se ja zagovorila sama; govorim kao da komu spovijedam ovo. Ma, rasuta, gdje ću ja sad Mara nać? Reče mi: "Trči, stignut ga ćeš". Stignut ga ću! Vragut ped neću tamo! Stât ću ovdi s strane, ter se ću nagledat za dušu ove milosti Božije, i u sebi ću mislit da hoću za muža koji bi mi najdraži od svijeh ovjezijeh ljudi bio. Oni ima veličak nos: uh, ne bih ga u srjeću! Ah, oni, brižna, velika ti usta ima: uh, ne bih ga za muža, dušom mojom mnjela bih da me će ončas proždrijet. - Ma tko ide ovo ovamo, sjetna? A nut ovoga s nosom i s grbom, nješto u sebi mrmori; poću čut što blede oslova nemanština jedna.

Deseti prizor
TRIPČE (sam), zatim PETRUNJELA

TRIPČE: Reče se: tko je bjestija, bjestija će i umrijet, a sve što se od mačke rodi, sve miše lovi, i sve što lisica leže, sve liha; a što hrtica koti, sve zeca tjera; a zmije što rađaju, sve to prokleto sjeme jadom meće. Hoće rijet da ljudi - son stato a scola, non parlo miga a caso - velim, hoće rijet da ljudi partičipaju, misser mio, od ovizijeh bjestija. Lav ima srce i zec ar contradio; pas vjeran - lisica liha; prasac u gnusnoći - armilin u čistoći; vuk grabi - ovčica s mirom stoji; osao trom - konj brz; ljudi njeki od rampine, - njeki daju; njeki osli - njeki la gentilezza di questo mondo, njeki crnilom meću kao i hobotnica, a njeki čisti u jeziku, čisti u misleh; njeki "Or misser mio, or misser mio", šaren kako i zmija, vlači se tiho kako i zmija; čovjek je u formu, zmija je u pratiku; grij zmiju, da te uije; pratika' š njim, da te otruje. Omo coperto di lupo cerviero, intrinsecus autem sunt lupi rapaces; a fructibus eorum cognoscuntur. Sve što se od pelicara rodi, šije peli; a sve što se od mlinara rodi, sve múku krade. Et concilium fecerunt, ut dolo tenerent. Intendami, fraello, se poi, che mi intendo molto ben mi.

PETRUNJELA: (Brižna, ovo njeki para meštar od skule, govori da se sam razumije. Sjetne ve njeke pridrti!)

TRIPČE: E per tornar gdje bijeh, za ne platit dva soldina pijene; jedni se ljudi nahode zli bjestije, druzi se nahode dobri anđeli et troni. Cum santus santus eris. Chi nasce matto, anniegati, - tuo danno. S dobrijem opći, ako ć' dobro imat; ja malo prije bez objeda ne ostah za njeku bjestiju.

PETRUNJELA: (Sjetna, ah, ah, ne mogu srcu odoljet da se ovomu čovjeku ne javim kad je našjenac.) - Našijenče, dobar ti dan! Našega t' mi, našega! A reče ona:

Jaše ga,

bez našega
nije tega,
naš mi dvaš,
nije laž,
noć i dan,
gdje ti je stan?

Što mi se gonenu?

"Tvrdo ti,
meko ja;
tvrdo u meko
dah ti ja;
pođi tja;
opet htio bi;
bogme i ja".

TRIPČE: Po svetoga Tripuna, ovo što htijah! Da si čestita i da je čestita srjeća koja me na tebe namjeri, našjenico lijepa i pjaževola. Ja bogme ugonenuh er ovdi dođoh; nađoh što htjeh.

"Ja sam tvoj,
budi moja;
tebi moj,
meni tvoja;
sladak san
i pokoj;
dobra volja,
a bez znoja".

Ugonen' ti meni ovu, da ja tvoju ugonenem.

PETRUNJELA: Ugoneni:

"Nitko ni
došao, pošao;
a on mni
da je ošao,
a sve sni".

TRIPČE: Bogme neće bit san, ako ti hoćeš, moja našjenico lijepa i draga.

Ja moje,
a ti tvoje
da' na srijedu;
da' svak svoje,
da se od dvoga
jedno učini;
sunačce mi tobom sini.

PETRUNJELA: Sjetan našijenče, salačljiv ti si, ah, ah, ah!

TRIPČE: Po svetoga Tripuna blaženoga, kao si ti perla, gioia de oriente. Ja bih s tobom život učinio kad bi ti htjela.

PETRUNJELA:

Ja bih htjela,
kad bih smjela;
majka ne da,
sve me gleda.
Ne muči se, sve zaludu,
a razumjet davam ludu.

Ma ovo njetko, brižna, njetko ide. Stan' s strane da ne mni štogodi.

TRIPČE: Ki će vrag bit?
Ugo izlazi Tudešak.

Jedanaesti prizor
UGO i prijašnji, zatim LAURA

UGO: Ah, Pomet, traditor Pomet, ah, ma fraj!

PETRUNJELA: Brižna, što veli?

UGO: Garzona cognoscer, serfitor de tua patrona; mi star suo serfitor, et mi foler mal. Mi trar ducati mille, to mila, quanto foler.

TRIPČE: Nut vraga gdi je došao tantat me, smesti me i posao mi ištetit!

PETRUNJELA: Missier, signura parlar ti, mi non ghe parlar, mi non se impazzo, no.

TRIPČE: Dico, gintilomo, ande a far li fatti vostri, non te inpazzar qui; questa e cosa mia, veh!

PETRUNJELA: Ga star qui, non ghe posciu andar mi.

UGO: Che foler? Ti foler combatter con mi?

TRIPČE: So anche combatter, quando bisogna. Ti par cosa da gentilomo disconciar i fatti mei?

UGO: Che aver tu far con questa?

TRIPČE: Aver che aver, - ho a far; e a te non ho a render conto di fatti mei.

UGO: Fer Tio, fer Tio, tu star attorno qua e lasciar braghe e vita. Levar qua, fuggir de qua!

PETRUNJELA: Missier, signur, non ghe far piazza! A tutti star passeggiar. Misser Domeneddio dao; nebogo, nut vidiš li?!

UGO: Fer Tio, mattar te ancora, puttana, e puttana tua padrona mattar. Fenga cancar a tutti!

TRIPČE: Con arme e con superchiaria sei venuto! Ti par esser in terra tudešca e bravar. Pon mente e guarda ben con chi hai da far.

UGO: Jo, jo, fenir, fenir qua!

PETRUNJELA: Nut, vrag ti dušu ne uzeo! Puttana dir a signora, e mi šon puttana?! Lažeš posrjed usta tvojijeh! Tua madre, sciurelle, fratelli e tuo pare puttane! Vidiš li, nebogo, kako nas je našao! Ne ti piu venir casa nostra, ne mi averzer, e ti špander acqua calda supra testa, tot!

TRIPČE: Per la verzina Maria, can mio padre?! Ah, Dio, rad bih se ja i ti gdjegodi na samu nać: per Dio, po Boga i svetoga Tripuna blaženoga, che ti faro veder le stelle a mezzugiorno. Nemo' istom da ja počnem igrat nazbilj e davvero.

UGO: Jo, jo!

PETRUNJELA: Jao ti vazda kako jednomu manigoldo di furche!

TRIPČE: Po Boga, ako počeh igrat! Se comenzo giogar delle man!

UGO: Che dir ti zocar con man? Ti spettar!

TRIPČE: Vidite li! Superchiaria! Con arme!

PETRUNJELA: Nut, nebogo, gdje nas siječe! Idi! Cancaru ti vegna! Per Dio ti ga cavar occhi cun queste man!

UGO: Puttana! Mattar, tu non viver; puttana ti et tua patrona.

PETRUNJELA: Madunna cara, madunna, averzi!
Sinjora Laura s funjestre.

LAURA: Che rumori son questi?

PETRUNJELA: Madunna, me ga voler ammazzar giudio! Htio me je zaklat.

TRIPČE: Inmezzo di Roma far queste sacperchiarie a omeni dabben! Vado de longovia al governator. Saperai, can traditor, s kijem imaš što činit.

UGO: Ti fenga il cancar, puttana!

LAURA: Signor Ugo, a gintelomini pari toi non si conviene far queste cose.

UGO: Che far? Ferito! Mattar puttana.

Izlazi Popiva, govori s sinjorom.

Dvanaesti prizor
POPIVA i LAURA

POPIVA: Koja je trjeska ono? Sinjora Laura, što oni Tudešak bravaše?

LAURA: Ne znam! Mnim da se je pomamil.

POPIVA: Sinjora Laura, sama vidiš, ovo je Pometov gospodar; taki i sluga! Ah, ah, smijejem se od Pometa, od onoga ribaoda; gdi je, kako je uzaznao da je Marov otac došao i da je donio tolike trgovine? Ah, sinjora, galant je čovjek oni Marov otac. Da ga vidiš! Jedne prezencije! Gospodar čovjek, kako i jes. I uzaznao je da Maro u tebe pratika; veli: "Mlados je taka, i ja sam u mlados gori bio"; veli: "Drago mi je, er almanko s galantom ženom pratika". I za vratit se, oni ribalad Pomet, kako je uzaznao da je gospodar došao s tolicijem bogactvom, vidio je er s svojijem Tudeškom trijeba mu je daleko stât od tvoje kuće.

LAURA: Dalek stât od moje kuće?! Umim ti rit er ću činit da izdalek gledaju.

POPIVA: I što ne mogu na dobru, hoće ribaldarijom pomagat. Iznašao je jednu astuciju: čuo ga sam iza jednoga kantuna gdje šapće s njekijem i dogovara se da dođe k tebi i da ti reče: "Maru je otac došao, lakom je čovjek; uzaznao je er je Maro dinare spendžao, hoće mu dvignut fačende i hoće ga povesti s sobom u Dubrovnik". I drugu je neslaniju našao, s kojom će prida te doć, - da je oni mahnitac ki ga maloprije tjera s nožem, da je njegov otac.

LAURA: Ah, ah, dobra je ta!

POPIVA: Ribalad jedan, nut što je inmadžinao! Bi li vrag ovaku astuciju inmadžinao?!

LAURA: Ribaldi ribaldarijom hoće sa mnom živit. Ja Mara ljubim s pravoga srca i, ti vidiš, odgonim svakoga, a njega samoga hoću, i njega samoga ljubim i ljubiću do smrti.

POPIVA: Vidi se, sinjora, sve se vidi; a ta tvoja ljepota i ti spirit tvoj, koji ne ima para u svem Rimu, ne more inako učinit neg ljubit onoga koji tebe adora, onoga koji je čertamente denj od tvoje ljubavi. Jedna je stvar, - nješto se brine, malo je u fastidiju.

LAURA: Ča se brine? More li gdje moja pomoć u taku brigu?

POPIVA: Ah, zaboravih ti rijet: bili smo u kožuhara; gotova je foldra od dzibilina.

LAURA: Kad ju će donijet?

POPIVA: Rekao mi je, sjutra ju će u jutro donijet.

LAURA: Da onu od riza?

POPIVA: Svršuje ju; Maro je sam bio u njega. Ah, koliko te oni vlasteličić ljubi!

LAURA: Ima zamjenu. Nu kaž' mi, u kom je fastidiju?

POPIVA: Rad bi, kao je užanca od trgovaca, ukazat ocu da je štogodi i na trgovinu nastojao, neka mu dobrovoljnije da imanje u ruke. Stavi malo na udicu, da uhitiš vele, - razumiješ me?

LAURA: Ah, ah, dobro veliš; mogu li ja što u to pomoć?

POPIVA: Sinjora, a što ne moreš? Sve ti moreš. Ma se morebit akomoda; neka, dogovorićemo se, još ćemo govorit. Sinjora, trijeba je da se svi indženjamo na koris. Što je on, to si ti; što si ti, to je on; njegovo dobro - tvoje dobro, a ja vam sam vjeran sluga. Odsada ćemo, scijenim, largije živjet; kad je veće dukât, razlog je da se i veće pendža; za ino nijesu dukati nego da se pendžaju.

LAURA: Istinu veliš; ja sam pripravna za Mara život a neg ča ino.

POPIVA: Ti si vazda prava gospođa bila, i bit ćeš uvijeke. Poću, sinjora, u Džanpjetra zlatara činit da donese rubin i dijamant.

LAURA: Pođi. Ako vidiš Mara, reci mu da dojde k meni.

POPIVA: Hoću, sinjora!

Trinaesti prizor
POPIVA, zatim MARO

POPIVA: Mogah li, mogah li igda u bolji čas doć k sinjori neg dođoh? More li ijedna stvar bolja bit neg što avancah trat Pometu? Er znam; doće k sinjori, naše jo' će tuge spovidjet; - rofijan je astut! Ova naš će impresijon od sinjore štitit: da joj najveće istinu Pomet pak govori, neće vjerovat; scijeniće da Pomet za svoj interes govori zlo od nas. Ah, Maro, gdje si, Maro? Sad iskrsni, sada si od potrjebe. Ma ovo ga, per Dio! - Ah, gospodaru, nigda nijesi na bolje brijeme došao neg sada! Avancao sam Pometu trat: rekao sam sinjori s dobrijem načinom da ne vjeruje Pometu, ako što od nas zlo reče; er će ribalad doć k sinjori sa svijem našijem tugami. I vrgao sam dzar na tavulijer: tegnuo ju sam er si se ti ocu rad ukazat er si nastojao na trgovine i da imaš prateži. Njoj ne bi dao vas svijet razumjet da tvoj otac nije donio tezoro u Rim, i disposta je sve učinit. Pođ'mo sada prije neg traditur Pomet dođe.

MARO: Ah, Popiva, sad poznam er valjaš, er mi si vjeran sluga i da imaš indženj.

POPIVA: Pođ'mo sada u sinjore, ne izgubimo ove okazijoni. Govorî li s Žudjelom?

MARO: Govorih. Oto ga, ide otuda. Darovao mu sam sto dukat, da me serva za tri tisuće dukat sfitâ; ma pas neće inako neg da mu banak od Olidžata provedža tri tisuće dukata, na kom sinjora drži dukate.

POPIVA: Sinjora će sve obećat. Gdi je Žudio?

MARO: Ovo ga, ide. Ah, Popiva, ako nas srjeća ne pomože, ruinaniji smo ljudi od svijeta.

POPIVA: Pušta' sada malankoniju! S kurvami imamo što činit. Čin' da si sada mariol: unjigaj, umjej fengat. Ovo Sadi Žudjela.

MARO: Popiva, neka je meni, lascia far a mi!

POPIVA: Sadi, sete informato d' ogni cosa?

SADI: D' ogni cosa.

POPIVA: Fa che tu sei accorto.

SADI: Non accadon troppe parole con me.

MARO: (Tik, tok.)

LAURA: Signor Marin!

MARO: Padrona mia dolce!

LAURA: Petruniella, tira.

Četrnaesti prizor
POMET (sam)

POMET: Je li ikomu na svijetu srjeća u favor kako je meni! Para da gdi hoću doć, tako mi i pripravi što hoću. Namurala se je na mene - nije inako, i nije čudo: cum sapiente fortuna semper conversabuntur, s razumnijem srjeća stoji; s ludjaci, s potištenjaci, s injoranti ona ne opći. Jesu njeki ki mi se razumiju;

kažu s dva kujusa: "Ergo approbitur", istom per littera govore kako i papagali, a na ožet su, - ne imaju ništa! A njeki su koji kopajući, bastahujući dobudu svitan kaban; iz gunja se svuku u svitu, pak steku perperâ dosta; i na dukate se oslade, i dukatâ steku; i dukati pak obuku se u rize ter šetaju: "Ovo sam!" i "ja sam" i para mu da je i on. Bastasi; vele se hoće! Za vlastelinu čovjeku bit hoće se čista krv od juhe, od kapuna i od jarebice učinjena, a ne od luka česnovitoga i od srdjela. Ovo se more rijet čovjek, - ja sam čovjek ki s galantarijom idem, razumno se vladam, nijesam rustik, ala mi ne para da sam! Dobra srjeća sa mnom je, a š čovjekom je: umijem ju karecat, tako sa mnom dobrovoljno i stoji.

Felicitatis felicitantium! Nađoh Dunda Maroja alla oštaria della campana; ukratko ga informah, uhitih za ruku, povedoh, povedoh na kuću sinjora Mara. "Sinjor" se sad zove; ja te ću do malo poslije! Informah Dunda Maroja er će Popiva doć s Bokčilom, da š njim unjiga, dokle ga u kuću stavi. I rekoh mu: "Popiva, sluga Marov, nesluga Marina, od onoga uboga od pameti mladića, ne zna od tvoga došastja; da' mu razumjet da si donio velike trgovine, er oni imaju čudne fačende s sinjorami činit. Obeselit se će Popiva, dokle te u kuću stavi", Oto t' izlazi Popiva s Bokčilom; ja se skrih za kantun. Kurvina starca što se umije dobro akomodat, a ja ga naučih! Bez mene se ne umijaše obrnut! Tamo Popiva s kortezijom: "Gospodaru, dobar došao!" Povede ga u kuću. Rekoh: nea, došao vam je meštar u kuću! Odsad do malo poslije govorite sa mnom.

Ja, reuškavši mi ova novela, trčim, letim, da mi je u poses uljesti od sinjore. Signor Ugo, ti si sada gospodar! Sentenciju si imao u favor; a ja ću tvoj biti eredus coerendus; a moj ti će trbuh sluga bit, a ja ga ću karecat za tvoju ljubav. Ma što ja činim ter ne idem u sinjore, ter joj ne spovijem mizerije Marove i naše feličitati? Ma, s vragom, nut što je bit akortu! Ako Mara nađem u nje, quae pars? cuius? quare? Našao sam remedijo, fengaću da i njega ištem, da mu uzmem kolač er mu je otac došao. Sta bene! (Tik, tok.)

Petnaesti prizor
POMET, PETRUNJELA, SADI, zatim POPIVA, MARO, LAURA

PETRUNJELA: Tko kuca doli?

POMET: Prijatelji!

PETRUNJELA: Pomete, nije gospođe, ima potrjebu.

POMET: Sinjora Laura, dvije riječi, ako je tvojoj milosti drago. Jeda je sinjor Marin gori?

PETRUNJELA:

Doli - gori,
moli - tvori;
neću sada, -
hod' otuda;
nuti vraga:
otvor', draga;
nut napasti, -
Pomo, to s' ti!

POMET: Petrunjelice, draga ptičice, ostav'mo salac! Vaš je posao: šes riječi sinjori Lauri!

SADI:

La signora e signora;
fratel, ande in bona ora!
Oggi non si da ricetto
ne a Pomo ne a Pometto.

POMET: Ki je vrag ovo? Ova se čeljad ruga mnom. Non si potria dir dua parole alla signora Laura?

PETRUNJELA:

La signora dorme, Pomo;

non averze a nigun omo.
Tentaziun, staga fora,
ande a bever che xe ora?

POMET: Nebore, Petre, što su ti ruzi? I prije si sa mnom govorila. Nut vraga, neće da svoj posao čuju! Vaš je posao! Petrunjela, po krštenje koje na sebi nosim, ostav'te te cance!

PETRUNJELA:
Druzi nam kolač uzeše,
tebe nam vuhvu riješe.
Vuhvo, izidi!
gospo, sidi,
da te napas
ne nađe ovčas.

POMET: Je li vrag žene uzeo?! Vaš je posao, Petrunjela; vi nijeste u svoj pameti!

POPIVA: Lupežu! "Gospar je Maroje došao", - je li što drugo? "Lakomac je" - je li što drugo? "Konte će Maru iskat", - je li što drugo? "Maro je spendžao", - je li što drugo? "Otac ga će u Dubrovnik povesti", - je li što drugo? Ti s Tudeškom ideš s dukatmi; neće te sentenciju ti dava ova kuća; neće te ni s dukatmi ni s ničijem! Lupežu, dovabio se si na odor od njekijeh kapuna koji se u sinjore peku večeri; ovdi nije tvoje piće!

MARO: Nu, čeka', mariolu jedan! Na ti način, ribaode jedan!

POMET: Signor Marin, ja ne znam što sam tebi učinio.

MARO: Uteče ribald jedan! Nu stignut te ću, ne boj se.

LAURA: E, lascialo andar, signor Marin, e un poltron; neka ide zlom česti.

POPIVA: Da nas se neće ostat ribald jedan.

MARO: Neće mi skapulat drugovja.

POPIVA: Gospodaru, da se opravi što se ima opravit, a njega udri s vragom. Sinjora, hoću li poći ja Džanpavula, faktura od Olidžata, dozvat, da asikura ovdi Sadi za tri tisuće dukata?

LAURA: Pođi, pođi, ja sam kontenta. Signor Marin, a vi nećete li uzit gori?

MARO: Sinjora, poću ja opravit što imam; sad ću se opet k tebi vratit. Kad dođe Džanpavulo da' mu riječ.

LAURA: Hoću.

MARO: Petruniella, piglia questa spada, bene mio.

LAURA: Spomeni se doć na večeru.

MARO: Hoću.

Šesnaesti prizor
MARO (sam), zatim SADI, LAURA

MARO: Dobro, po muku Božiju, dobro! Izeh tri tisuće dukat od sinjore: oni kurvin mario malo vas posao ne išteti! Pomete, Pomete, naučit te ću živjet. Basta, sada ovdi nije trijeba spat; fortuna je s nami. Poću se svuć iz veluta i obuću se na trgovačku i otit k ocu i fengat da ga prije nijesam vidio. Ovdi je trijeba obraz od kurve učinit: trijeba se je ubezočit, rijet: "Ja nijesam te prije vidio!" Tot je tkogodi k meni prilikovao, - vrag! Kad pratež ukažem, sve se će načinit. Ah, Žudio osta u sinjore; poć ga ću dozvat. - Sadi!

SADI: Signor Marin, commandate!

LAURA: Signor Marin, ordenala mu sam da mi donese sto lakat kurdjele od zlata, tri prste široke, za pavijun; ti ga ćeš tamo platit.

MARO: Dobro, moja draga, sve što je tebi drago. - Sadi, ašcoltame bene: voglio che quei tre milia ducati di panni non moviamo altrimente del vostro magazzin. E ci e piu panni dentro che per valuta di tre milia ducati?

SADI: Misser, non venete voi a veder il fatto vostro? E vedete se sono per valuta di tre milia ducati. Son tutti panni fini di Olanda; ci sono anche, ma pochi, panni leggeri. Venite a veder il fatto vostro.

MARO: Non accade che io piu guardi, mi fido di voi. Non mi potreste dar adesso la chiave del magazzin?

SADI: Besogna prima che 'l banco mi faccia sicuro.

MARO: Parlate ben. Avereste voi un saio et cappa di panno tutto šchietto da prestar a nolo?

SADI: Ne ho venticinque, se pur vi bisogna.

MARO: Mi bisogna un saio et una cappa schietta. Solamente andemo alla buttega vostra finche 'l mio servitor torni con la cosa acconcia con banchiere.

SADI: Andiamo!

Sedamnaesti prizor
PERA, BABA, zatim PETRUNJELA

PERA: Jaohi, bâbe, u koji vi ti čas iz Grada pođoh i lijepo ti se samohoć stavismo na karu! Pošla sam da nađem vjerenika, a, jaoh, moj se je vjerenik izgubio, tako da ga već nije moć nać.

BABA: Tko zlice slijedi, moja kćerce, taj se je veće izgubio. Oto nas naš grijeh dovede u ove strane gdi svoj bježi od svojijeh.

PERA: Jaoh, dovede nas u strane gdje su kamena srca od ljudi! Scijeniš li ti da Maro nije uzaznao er sam ja za njim došla u Rim? Oto je ta sad ljubav među drazijem, - čine se ne znat!

BABA: A tko ne zna er si ti ovdi? Jur veće svak zna neg samo on, er, moja kćerce, ne hoće da zna; u zlice se je vas stavio, gdje će i dušu izgubit. Ah, mladosti, mladosti, luda mladosti! Dočekali moje starosti, da poznate kako vaš vjetar nije ino neg ludos, nego malo vidjenje, nego zločestvo, nespoznanje! U zlice ste stavili vaš kontent i vaš mir; tuj se ste zabavili. Brižni, ne vidite li er s kankari imate što činit koji vam ijedu i život i imanje i čast? Grinje su zle žene; zločesti, po bradah vam se poznava koje vam, brižni hodili, opadaju.

PERA: Bâbe, ono njeka djevojka odonud izlazi; para da je našijenka; da' da ju upitamo tko je i jeda ve što zna od naše sjete.

BABA: (Muči, govorî!)

PETRUNJELA: Sjetna ve, Petre, ne hodila! S čijem biješe manigodo oni došao, da nam od Mara zlo govori, od Mara, ah!

BABA: (Ova djevojka para da Mara mijentuje; naški govori.)

PETRUNJELA: ... od Mara našega dobroga!

BABA: Kćerce, dobar ti dan!

PETRUNJELA: Tko je ovo? Tko ste vi? Ti paraš Dubrovkinja.

BABA: Iz Dubrovnika smo na proštenje došli. Kćerce, jeda ve što znaš za njekoga Mara Marojeva Dubrovčanina?

PETRUNJELA: Brže za našega Mara pitate? Mlad vlastelin od dvadesti i jedno godište, pristao djetić?

BABA: To je, to je on! Jeda s vami stoji?

PETRUNJELA: S nami je i s jutra i večer, i ne odhodi od nas.

BABA: A tko ste vi, sestrice? Kaži ve mi.

PETRUNJELA: Stojim s jednom gospođom; kortižana je prva od

Rima. Maro ju dobro hoće; sve što ima, sve 'oj dava.

PERA: Ajme, ajme, umrijeh!

BABA: Brižna!

PETRUNJELA: Sjetna, što ti bi?

PERA: Nije mi ništa; malo me srce zabolje.

PETRUNJELA: Iz Grada li je ovi djetić?

BABA: I on je, tužan, iz Grada.

PETRUNJELA: Bi li se u moje gospođe okordao?

BABA: Moja sestrice, te su kortižane zle i ne dobre; toj ti je velika sjeta; ta je kagodi zlica i pustoš; to je kuga od nesvijesne mladosti.

PETRUNJELA: Sjetna, što govoriš? A jeda kako i one vaše od Pelila i od Podmirja ke se vazda od buha puđaju? Ovo je gospođa i kraljica bogata, puna joj je kuća srebra i zlata.

BABA: One su naše od Pelila velika sjeta, a ta je tvoja gora neg zla srjeća. Brižno im imanje a sjetna dobit, mađioničine jedne!

PETRUNJELA: Onaka kakva je moja gospođa, - u nju je Maro spendžao veće pet tisuć dukata.

PERA: Jaohi meni, ajme meni!

PETRUNJELA: Brižna, što ovomu djetiću bi?

BABA: Jeda ti što bi?

PERA: Jaohi, i sad mi zavi srce!

PETRUNJELA: To se si nahladio. Kako rijeh, u nju je Maro spendžao pet tisuć dukata, i misli ju za ženu uzet.

PERA: Jaohi meni!

BABA: Nebore, trpi; sada nemo' jaukat.

PERA: Jaoh, a može li se trpjet i ne jaukat?

PETRUNJELA: Brižnika! Što ga je našlo?

BABA: Reče: "Uzet ju će za ženu". Na, uzmi! To mu ne može bit: svezan je.

PETRUNJELA: Kako svezan?

BABA: Vjeren je, jesu tri godišta.

PETRUNJELA: Maro je vjeren?! Je li, draga? Nut traditura, a mojoj je gospođi govorio da ju će uzet svakako za ženu.

BABA: Za ženu?! To se ne more trpjet! Hoću da znaš er je vjeren i jer mu je vjerenica ovdi u Rim došla. Ne dadu se tako te stvari činit. Nut, nebogo, reci to tvojoj gospođi: "Pušta' tu misao, er ti traditur dava razumjet: to ne može učinit".

PETRUNJELA: Da bogme t' joj ću najbrže rijet! Poću njeki posao opravit gdje me je poslala. Ostaj zbogom, babe. Istom mi se je milo s našjenicami razgovorit.

Osamnaesti prizor
PERA, BABA, DŽIVO

BABA: Ču li, nebogo?

PERA: Ajmeh, babe, jes' li čula od moga nevjerenika? Ma ovo Dživa! - Dživo, uzaznali smo i čuli smo i naslušali se smo.

DŽIVO: Nebore, čemu ste same bez mene ishodile nadvor?

PERA: Dživo, zlo smo učinile, er smo uzaznale našu veliku tugu i nevolju i našu smrt.

DŽIVO: Što je, za Boga?

PERA: Uzaznali smo s kijem Marac opći i kako je sve splavio u njeku zlicu; i veli, hoće ju za ženu uzet.

DŽIVO: Još bi to manjkalo! A, tradituru, a, nesvijesni ludjače, to od tebe naša kuća merita?!

PERA: Ajme, to li ja od njega meritah?!

DŽIVO: Pođ'mo, trijeba je stavit pamet na ovo; ovdi mu je otac i znam što ću učinit.

BABA: Brižna, luda mladosti, vele ti ludijeh stvari činiš! Vele ti tuga nevoljne majke i mukâ tužni oci za vas podnose; a vi vjetar što vjetar! A vi, brižni, u staros grijehe vaše plaćate, kad bi brijeme od dobrijeh djela, da plátu, čâs i pokoj imate.

Devetnaesti prizor
GIANPAULO OLIGIATI, LAURA, SADI, POPIVA

GIANPAULO: Bon giorno alla signoria vostra, signora Laura.

LAURA: Ben venga, misser Gianpaulo mio.

GIANPAULO: Volete che faccio Sadi sicuro di tre milia ducati?

LAURA: Misser šî.

GIANPAULO: Chi ama di cor il suo galante, siccome lo fa signore della persona, cosi ancora lo fa padron della roba.

LAURA: Signor Marin e patron di me e di tutto il mio.

GIANPAULO: Beato chi v' e in grazia vostra! Se mi vol commandar altro?

LAURA: Son a piaceri vostri, misser Gianpaulo mio caro.

SADI: Signora, voletemi commandar altro? Di panni lasciaro far a misser Marino quel che vorra?

LAURA: Si, si, dateli la chiave del magazzin. Ricordatevi di quei cento braccia di curdella.

SADI: Signora, si mi recordaro.

POPIVA: Ja ću poć gospodaru, ako mu što uzbudem od potrjebe.

LAURA: Pođi, čekam vas na večeru. Čuješ li, bî li u zlatara?

POPIVA: Sad ću poć.

Dvadeseti prizor
POPIVA (sam)

POPIVA: Ovo mi opravismo! Popiva sad popijeva'! Iz morske pučine izeše se tri tisuće dukata! Komu bi ovo išlo od ruke - rimskoj kortižani izet dukate iz ruke, izet joj srce iz tijela?! Dobro prođe: lakomos lakomosti dobismo! Ova je stavila na udicu nariklu za izet smuduta, - stavila je na perikulo tri tisuće dukata za učinit se gospođa od peset tisuć dukata. A stavila se je u fantaziju da ju Maro uzme za ženu. Da se zlom ženom oženi, lijepo bi učinio! Oto, da je mudar, tako bi i odnio ove tri tisuće dukata, a nju pjantao i platio jednijem kantunom; ma ne umije. Ah, da je meni činit! Ma ga ću poć nać, da s ocem kogagodi vraga napravi. Kad Maroje vidi pratež, sve se će načinit.

ČETVRTI ČIN
Prvi prizor
MAROJE, zatim BOKČILO

MAROJE: Što se veće živi, to se veće i uči. I star sam, a ne umijem živjet. I počeo sam na skulu hodit, i učim, bogme i učim; a za me stoji: ako ne naučih, zlo moji posli idu. Sin mi je meštar: on mi sad špalmate dava, normu mi čini; on me uči, a ja primam.

Ma, jaohi, strah me je er će zaludu ova skula bit! Poplavio je sve dinare moje; pet tisuć dukata utonule su u morsku pučinu, bogme utonule!! Nije veće remedija, ma ću provat jeda se što može skapulat, i iskat ću repozano; veće se neću š njim u koloru stavljat, - promijenit ću ćud. Na brijeme valja umjet fengat; od njega sam naučio. Čini mi se ne znat! "Šuma t' mati, non ti cognošco." A ja, a ja ću fengat da vjerujem. Tako je! Jeda što lavu iz nokata izmem, pak i ja ću kako i on: "Non ti cognošco!" Izvuc' se ne meni na oči veće, ne bude veće on moj sin bit. Lijepo, kom dođem u grad, da testament pričinim: komunu, sve komunu! Neka se druzi njim kastigaju. Iz kuće mu sam skupio što sam malo našao: gaća frapanijeh, sajuna od veluta vaera što je po kući nosio. I s ovizijem će štogodi bolje bit, jeda frankam spendze od ovoga nevoljnoga puta, bogme, nevoljnoga puta. Jaoh, gdje moji dukati pođoše?! Ma gdje Bokčilo osta s prateži? Da si je zašao? Ah, santa Maria, Bokčilo! U tovijernu je gdjegodi š njom upao, - ovo mi u bradu kako oslu! Bokčilo! L' e fatta! Pouzda' se, pođ' se uzda'. Bokčilo!

BOKČILO: Koju me sjetu bogaš?

MAROJE: Hvala Bogu!

BOKČILO: Ovo, jedva idem pod ovizijem bremenom.

MAROJE: Najlakše, Bôgo!

BOKČILO: Najlakše ovo mi si dao - kutalac vinca! Za bastaha me si s sobom poveo. Ubio Bog i moje pošastje s tobom i tvoju hranu! Od tebe nije ino čut neg plakat. Kad se ćeš nasmijejat i ja s tobom? Ubio Bog imanje za koje se tako sve plače! Hoću li se kada dobavit moga uboškoga stana, da mi je s mojijem kutaocem vina popijevat, a ti da bez mene plačeš s dukatmi?

MAROJE: Bôgo, sve se će načinit, sve će bit! Oto je sad brijeme od tuga; jeda Bog dâ da se kad i nasmijejemo.

BOKČILO: Kad me ukopaš, ti se ćeš nasmijejat mnom. Na, gdje ćemo ovo vrć? Prikinu me ovo brjeme teško.

MAROJE: Vjerujem ti da je teško. I meni je teško, i ja to brjeme nosim: tu su moji dukati obrnuli se u gaće frapane.

BOKČILO: Na, ubio Bog i riječi, malo ne pukoh pod njim.

MAROJE: Santa Maria, tuga mojijeh što patim. Bokčilo, što to učini?!

BOKČILO: Učinih! Pridira' se ti, ako ti je trijeba; ja se hoću zdrav vratit, zahvale djevi, k mojoj domaćo'.

MAROJE: Ne imat sluge - zlo; a imat ih - zlo i gore, na ovaki način. Bokčilo, tako se moja pratež guverna?!

BOKČILO: Gosparu, da ovako li se sluge hrane?

MAROJE: Rugaš se mnom?

BOKČILO: A ti mniš paganjela si s sobom doveo, da ga mijendeokom hraniš? Ako hoć' da ti ovaka brjemena nosim, da' mi kutao ručku, na obrok dva alimanku, kad hoću leć jedan, nea mi snaga, kad počivam, dođe.

MAROJE: Ja ne činim te spendze; brajo, pođ' u sinjora Marina, u moga sina: u toga ćeš pjan bit s jutra i večer, - ja davam što mogu.

BOKČILO: Da' amo kutalac vinca.

MAROJE: Bit ti će, Bokčilo. Dvigni to, da ponesemo na voštariju.

BOKČILO: Što ve mu ove prapane gaće uze, Bog te ne ubio?

MAROJE: Ja razdrte nosim, a on ih frapa.

BOKČILO: Bijednijeh parlašuša, gdje na mahaču svilu nose.

MAROJE: E, zadnjicu mi su počeli svilom obtakat. Oci im su sve krivi, - mi smo sve krivi, er tako hoćemo. Luda djeca sad u gaće zlate pendžaju, tezoro pendžaju, a mi se oglušamo.

BOKČILO: Nea ti našijeh bragešica: u kojijeh se oženimo, u tjezijeh nas i ukopaju.

MAROJE: E, čohe i mi, u naše mlade dni, užahomo, i kostahu, ma durahu vijek; još bih ja našao od moga djeda čoha u kući; ne mogahu se razdrijet. Ma ovo njekoga vidim odovuda.

BOKČILO: Gosparu, bogme je ovo Popiva!

MAROJE: Para i oni moj meštar! Nije sad u velutu: počeli smo malo pomalo, bogme ga ću još vidjet u suknu. Nješto se dogovaraju.

BOKČILO: Da' da se, gosparu, gdjegodi skrijemo, jeda možemo znat što vijećaju.

MAROJE: Neka vijećaju; dovijećaše za mene, a bogme i za sebe.

BOKČILO: Gosparu, oni su ovdi vješti mjestu i kostumanci: mogu nas prodat, ako hoće.

MAROJE: Bogme, Bokčilo, nijes' glumu rekao; mogu zlo učinit, kao su i učinili. Pođ'mo s prateži u voštariju. Oto ih, - dvigni!

BOKČILO: Ja ovo dvignut? Vragut ped! Bastaha, gosparu, nađi.

MAROJE: Ah, Bokčilo, šteto moja! Išteti mi vas posao ova pjanica!

BOKČILO: Ah, gosparu, smrti moja, kutlom me vina nećeš slobodit.

MAROJE: Bokčilo, je li to pravo da mi ištetî vas posao?!

BOKČILO: Nea, gosparu, naspi se.
Ovdi Bokčilo kabanom svite pokrije, a Maroje uljeze u voštariju.

Drugi prizor
MARO, POPIVA, zatim MAROJE i BOKČILO

MARO: Ah, Popiva, izgubljen sam! Ne scijenjah na ove termine doć.

POPIVA: Ne valja se na potrjebu gubit ovdi ovoliko; a što se strašiš? K ocu ideš.

MARO: K ocu idem? K bazilišku idem, koji me će očima otrovat; idem k čovjeku koji samo dinar ljubi, a veće ne zna ni što je ljubav od sina ni od kuma ni od prijatelja.

POPIVA: Pacijencijom se sve dobiva, a umjetelan čovjek svemu vrha dohodi. Ti, kad dođeš prida nj, fenga' da ga nijesi prije vidio; s dobrom dođi, kad se si resolvao prida nj doć, - čin' da valjaš. Ja bijeh od opinijoni da s ove tri tisuće dukât pjantamo i njega i sinjoru i da promijenimo mjesto.

MARO: Da ja pjantam sinjoru?! Ajme, Popiva, što govoriš? Prije bih umro neg bih to učinio.

POPIVA: Da ako t' otac, čovjek avar, agrančaove svite, neće li sinjora ostat pjantana?

MAROJE (*s voštarije*): (Dobro o svitah njekijeh govore, ma kako mi ih će moć agrančat? Igraćemo š njim, al piu saper, žî n' t', a piu saper. Dobro!)

MARO: Popiva, oni moj neotac ima dinara kao sovrne; ne bih rad da me dezeredita.

MAROJE: (Bogme će to bit, i ugonenuo si.)

POPIVA: Oršu, ovdi nije drugo neg da ga nađemo.

MARO: Gdje ga ćemo, Bože, nać? Ah, jeda se izgubi za vazda, ter ga vijeku ne nađemo!

MAROJE: (Ne boj se, izgubio se si ti, da se neć' nać skoro.)

MARO: Tko je ovo ovdi? Ovo Bokčilo, po muku Božu! - Bokčilo, što si tu?

BOKČILO: Che Bokčilo šparlar! Andar, non Bokčilo.

POPIVA: Nuti pjanice, bofun se je učinio! Pjanico, tko te iz Grada dovede, da nam karestiju od vina u Rimu činiš?

BOKČILO: Gosparu Maro, da mi ti je ručicu celivat! Ovo mi moje krune, ovo mi meda! Blagosovljeno mlijeko koje sisa, moj dobri gospodaru; a i ćaćko je ovdi.

MARO: Gdi je otac?

BOKČILO: Gosparu, meni kolač, a tebi Maro!

MAROJE: Maroje, bevegna!

MARO: Ćaćo, kako si?

MAROJE: Koliko te sam žudio vidjet!

POPIVA: (Dobar početak, muči!)

MARO: Kako mi bi rečeno da si došao, obiskao sam vas Rim ištući te.

MAROJE: Rim je veličak, nije se tako lasno nać.

BOKČILO: (Nije ti nat ćaćkom! Ovo je vazda njegovo bludilo bilo, a moja speranca, - zlato je, kruh je.)

MARO: Koje te su u Rim dovele?

MAROJE: Došao sam, jedno na proštenje; drugo za vidjet tebe, kako si, jesi li se guvernao; ma oto si dobre čijere.

MARO: Dobro, ćaćo, zdravo sam, zdravo sam. A ti jesi li sveđer zdravo bio? Nijesi ni ti zle čijere.

POPIVA: (Nut vragovi gdje unjigaju; da bi Bog dao da im su onaka srca!)

MARO: Ćaćo, dvigni se s voštarije, da idemo doma. Jes' li ku pratež donio?

MAROJE: Stan'te vi tamo s strane.

POPIVA: (Bože, što li će bit?)

BOKČILO: (Ćaćo i sin, milosti Božje!)

MAROJE: Maro, hoću da mi istinu rečeš; ne htjeh te pitat prid onizijem, - bi li ti ono koga najprvo vidjeh? Paraše mi puki ti; ako se si cijeć česa bio sramio, ne taji od mene, - i ja sam mlad bio.

MARO: Ja, ćaćo? Ter se ja tebi ne bih javio?! Nebore, što mi to govoriš? Ma ne čudi se, ćaćko, i druzi se su privarili tako. Jes jedan koga zovu signor Marin, u velutu, s kolajinom na grlu; ja sam siromah trgovac, čovjek koji vas k meni prikladuje.

MAROJE: Basta, pokli je tako, ja se privarih.

MARO: Ah, kolici se su privarili!

MAROJE: Drugo ti ću rijet: donio sam nješto verga zlata i nješto panjule; to sam učinio krijući. Imaš magadzin gdje prateži držiš?

MARO: Imam pun svita.

MAROJE: Per amor de Dio, čemu ti ne pođe u Fjerencu, kako ti ja rekoh?

MARO: Ćaćko, sve ćeš znat; imaćemo se brjemena razgovorit.

MAROJE: Ovo zlato i ovu panjulu rad bih pod ključ stavit.

MARO: Ja ti ću dat skrinju u što ćeš moć to stavit.

MAROJE: Ja imam skrinjicu u što to držim; ma bih ju rad stavit gdje mi vele ne bižigaju djetići. Ti magadzin je li sikur?

MARO: Sikurisim!

MAROJE: Tu će dobro stât namoru! I pođ'mo, ter ću te svite vidjet, pak da pođemo doma, da malo repozam. Dobru stanciju držiš? Komoda je?

MARO: Veoma je komoda.

POPIVA: (Pusti vijeće! Lisiče otac i sin. Bože, tko će dobit?)

BOKČILO: (Drag a s drazijem, - milosti Božije!)

MAROJE: Nu, čeka', Maro; Bokčilu ću rijet dvije riječi. - Bokčilo, ovamo hodi; Na ti ovu munitu za vino.

BOKČILO: Ah, svijetla ti vazda ruka!

MAROJE: (Bôgo, ako mi si igda vjeran bio, sad mi posluži, a vidjećeš što ću ja tebi učinit.)

BOKČILO: Kad mi si dao za vince, da' mi i za smok.

MAROJE: Doma ti ću dat svega.

BOKČILO: Pikat mi, gospodine! Usta mi pucaju na jetru.

MAROJE: Pikat da ti bude, Bôgo.

BOKČILO: Nea mi ti je ručicu celivat.

MAROJE: (Bôgo, uzmi tvoj kaban i zavij ovu pratež, da se ne vidi; er, ako ju ovi vidješe, ištetih vas moj posao.)

BOKČILO: Brini mi se kolačem; znaš er ti sam kolač uzeo za Mara.

MAROJE: Biće i kolač.

BOKČILO: (Neću imati čijem svezat; ma nea je meni, - naspi se, bud' miran.)

POPIVA: (Koga vraga šapće? Kao rabote prohode?)

MARO: (Ne zlo, ako mi ne dava razumjet.)

POPIVA: (Ne imam ja zlu sperancu; otac je napokon otac.)

MARO: Ćaćko, je li mi knjiga od vjerenice?

MAROJE: Nije. Kako se u preši dvignuh, ter im se ne javih; ma su svi zdravo. Ovo su minuto godište velike nemoći bile; oto mi stari dekrepiti, i još smo živi.

MARO: Žî m' ti, ćaćko, još nijesi star, jošte si fresak.

MAROJE: Tuge me postaraše. Ti ki si mlad ne davaj tuge na srce; nije gore stvari neg malankonije.

MARO: Na to nastojimo.

POPIVA: (Na što li se će ono unjiganje obratit?)

MAROJE: Bokčilo, hod' tako za nami; u onomu zavij to. - Nosim onu stvar ku ti rekoh.

MARO: U ime Božije!

Treći prizor
POMET (sam), zatim GULISAV Hrvat

POMET: Vrag uzeo srjeću i nesrjeću. Fortunu pišu ženom ne zaman; i dobro čine tu joj čâs činit, ako se obrće sad ovamo sad onamo, sad na zlu sad na dobru; sad te kareca, a sad te duši. Tko joj je kriv? Ma bogme je ona meni kriva! Da vrag uzme tu nje moć, kojome na čas čini smijejat ljudi, na čas plakat. Vražija njeka ženska narav! Scijenim da aposta čini, da se ja sad malo proplačem, a da se ona nasmijeje. Nasmijej se, nasmijej se! Bogme plačem srcem, plačem očima, - plakat ženska je stvar! U kojoj prosperitati do malo prije bijeh; štono se reče, olova mi plivahu s mojijem Tudeškom. Veće nije moj! Bandeškao me je iz svoje kuće. Uživah raj zemaljski. Ajme, jeda ja snim ovo? Ah, Bože, ali je bilj? Hajme, bilj je, bogme je nazbilj! Ah, nevoljni Pomete, počeše mi usta pucat na one vivande, na manu nebesku. A gdje sada da se konsolaš, trbuše, moj dragi gospodine? Primi u pacijenciju; odsela ćeš kadgodi i srdjelicom se pasat. Žao mi je, meni se ne more smanje, ma si ti u to vazda galant bio, - u travaljah se si dobro nosio; a dobar se mrnar u fortunu poznava. A i octičice ako se kadgodi napineš, reci: i ovo je za bolje; tko nije provao zlo, ne zna što je dobro. Za octikom slađa će bit mavasijica, i za ukropom i srdjelami bolje ćeš gustat kapune, torte, jarebice i fadžane. Ja te i sad u adversitati s baretom u ruci onoram, i nijesam kako i njeki ki u dobru prijatelja ljube, u zlu ne čine ga se vidjet. Proplakah od njeke tenerece, er mi ga je žao; pateškaće za kigodi čas, - ne udugo. A tu mi sperancu dava narav od fortune, koja je kako i njeka koju duniža: sad mi dobru čijeru činjaše a sad zlu; sad me činjaše plakat, opet učas smijejat. Ja, koliko za mene, ne gubim se, imam veliko animo; za ovoga mi je kompanja malo trudno. Ja ne znam ki je vrag momu Tudešku, - tisuću vraga na mene napanjkao. Kom k njemu dođoh, na me se izbeči: "Traditor, fuggir casa mia!" - "Signor Ugo, što je za Boga?" - "Ti štar, ti guartar!" Potegnu njeke kordetine na tudešku, - ja prjedah nogami, a rekoh trbuhu: "Korizma ti! Veće odsela posti". Dvojica mi se je danaska oružjem života hitala, - još sam, još sam Pomet, bogme Pomet! Sinjor Marin s oružjem na mene! Ah, Popiva, Popiva, ovdi ide od ribaoda do ribaoda; vidjećemo tko će veći ribalad bit. Ma ovo njekoga odovud, na mene gleda; da ga nije ki vrag na mene poslao, da me posiječe: Bolje je škivat.

GULISAV: O quel omo dabben!

POMET: Ah?

GULISAV: O, našijenče!

POMET: Što, an?

GULISAV: Nebore, ne bježi!

POMET: Odkle si ti? Tko si ti?

GULISAV: Prijatelj sam, nebore, približaj se.

POMET: Brate, prosti; i neprijatelji većekrat tako reku, a kordom se ukažu neprijatelji. Ma te vidim dobra čovjeka; da' mi ruku! Odkle te imamo?

GULISAV: Dobar junače, idem iz tudeške zemlje velicijem poslom. Posila me Ondarda Tudešak, vlastelin od Auguste, jeda mu kćer najdem ku je, jesu osam godišta, izgubio.

POMET: Kako je toj kćeri njegovo' bilo ime?

GULISAV: Mandalijena. Ondardo ovde stao u Bnecijeh, veliko brijeme na trgovine nastojeći, i tu u Bnecijeh obljubi jednu vladiku bnetačku; š njom ima kćer Mandalijenu. Tu tu kćer uza se uzdrži; djevojka uzraste, u njoj se učini golema vladika. Htjedbude nesrjeća, jedan susid vlastelin bnetački vrže oko na djevojku, a djevojka na njega. Jedan dan izvede devojku iz kuće od oca; s divojkom umaha uteče. Otac velike stvari čini za opet imat devojku, devojka, kako pobježe, veće se ne vrati.

POMET: Ter što bi htio sad taj otac? Onda ju nije mogao nać, a sad, do sto godiš, gdje da ju nađe?

GULISAV: Gospodin Ondardo u početak je veoma iskao tu divojku, pak, kad se je u svoj dom u Augustu vrnuo i oženil se i imal djecu, veće nije mario za devojku Mandalijenu.

POMET: Da sada što bi htio?

GULISAV: Žena mu umri, djeca mu pomriše, imanje veliko ima. Spomenul se je od divojke Mandaline; mene je poslao da išćem, da pitam, da gledam, da obećam tko bi ju iznašao.

POMET: Da što obećaš?

GULISAV: Pineza sto škudi, tko mi ju obnajde.

POMET: I ti ne bi zao kolač bio! Ma to gdje da se nađe?

GULISAV: Ako je živa, moj junače, obnajti se će.

POMET: Da, da ka druga Mandalijena reče: "Ja sam" za uljesti u imanje, a ne bude njegova kći? Er se u duga godišta obrazi priobražaju.

GULISAV: Junače, zlamenja su! Pod livom sisom ima madež i na ruci ima zlamenje koje ja znam. Babka je š njome, ako nî priminula s segaj svita.

POMET: Dobar junače, čuo sam; i ja ću poispitat, jeda i ja sto škudi dobudem. Gdje ćeš na stan?

GULISAV: Ovdi ću na voštariju bit della grassezza; hod' da sa mnom piješ.

POMET: Hvala, junače, opet se ćemo stat - imam sad njeku potrjebu.

Četvrti prizor
POMET, zatim PETRUNJELA

POMET: Da se vrag umiža rusatom vodom, da mi se srjeća u favor obrne, da se Mande u Mandalijenu stvori, ja bih dobio sto škuda. Ma ja viđu, danas nijesam te srjeće, i scijenim da oni sve tlapljaše; ja scijenim, htijaše da ga povedem doma, da ga gostim. Muzuvijer od muzuvijera malo može avancat. - Ma ovo Petrunjele odovud; nješto mrmori u sebi. Poću, s vragom, čut što govori; a ne smijem joj se ni javit. Svak me se je odvrgao; na koga bogovi, na toga i ljudi.

PETRUNJELA: Nut, tako ti vrag dušu ne uzeo, pođ' se uzda' i vjeruj u slatke riječi, spuštaj se u pse! Tot kako oslici mojoj gospođi: "Maro, moja duša, Maro, moje srce, signur Marin!"; da ne budem mojijem očima vidjela, ne bih vjerovala.

POMET: (Nješto će bit.)

PETRUNJELA: Brižna, tri tisuće dukata otidoše, odnose svite oni zlostar.

POMET: (Ne mogu srcu odoljet da ne ispitam Petrunjele što je.) - Petre, i ti li si na tvoga Pometa? Hoć' me za mrtva? Na, ubij me!

PETRUNJELA: Pomete, tako ti vjere, nemoj mi daj još ti k tuzi pristajat.

POMET: Petrunjela, molim te kao kraljicu, moja gospođe, spovjeđ mi što je.

PETRUNJELA: Velika ti ću vraga spovijedat! Sve traditur, sve asisini! Brižna, tri tisuće dukata! "Maro moj!" - Maro vrag i njegov otac!

POMET: Bogme vam je je Maro kalao! Pometa ne htjeste čut, rugahote se Pometom, mahnitice! S istinom Pomet biješe došao, a vi ašišine htjeste slušat, - tot vam! Nu što je, za Boga, što su traدituri učinili?

PETRUNJELA: Učiniše bogme, rasuta, tri tisuće dukât. Posla me gospođa da spijam tko je ti Marov otac. Vidjeh Sadi Žudjela; upitah ga tko je Marov otac. Ukaza mi uš njeku u razdrtoj čošini gdje otvora magadzin, a stoji za njim rpa bastaha. Upitah jeda će nosit sve trgovine, koje je iz grada donio, u oni magadzin. Reče mi Sadi Žudio: "Ma gdje? Ovdi su svite za koje je sinjora obećala tri tisuće dukata". Gledam što će oni starac učinit. Ize sve one svite nadvor i odnese ih s bastasi ne znam gdje k vragu. Tako ončas meni Sadi Žudio reče: "Vidiš li? Marov otac odnije". Reče mi latinski: "Pare de misser portao robe, odnije svite; ja ću se poć platit na banku od sinjorinijeh dinara". Tot gospođa moja prihari tri tisuće dukat!

POMET: Tot joj u bradu! Ne htje mene čut; ja bijeh s tizijem došao, ja sam sve znao. Marov otac žudio je, mjedeničar, došao je, er je čuo da pendža, da mu uzme sve što nađe prid njim i da ga dvigne odovle, i misli ga dezeredirat.

PETRUNJELA: Brižna, a mi ne znali ništa! Moja gospođa desperat se će.

POMET: Da ti sinjor, vethi sinjor Marin, biješe li tu kad mu otac odnije te svite?

PETRUNJELA: Ne, odaslao ga njegdi biješe.

POMET: Trat Dunda Maroja! Petrunjela, sad poznate tko vam je prijatelj. Prije neg pođeš doma, neka te upitam jednu stvar.

PETRUNJELA: Veliku me tugu upitaj! Sjetna ve Petre, s kojijem ću kolačem gospođi poć.

POMET: Petrunjela, ovdi ovoliko nu me čuj. Ona starica koja je u vašoj kući je li baba sinjore?

PETRUNJELA: Jes, a zašto?

POMET: Za dobro. Umije li tudeški govoriti?

PETRUNJELA: Ta je baba iz tudeške zemlje.

POMET: Iz tudeške je zemlje!

PETRUNJELA: Brže je i gospođa iz tudeške zemlje; meni je spovidjela er je joj otac Tudešak; ma ne zna za njega ništa.

POMET: Sinjori Lauri otac je Tudešak! Ah, Petrunjela, da zašto se ovdi zove signora Laura a u Kotoru se zvaše Mande?

PETRUNJELA: Prvo joj je ime bilo Mandalijena; tako ju u Kotoru i zvahu Mandom, a ovdi je u Rimu promijenila ime za veće uzroka: nješto cijeć oca, er ju je vele iskao, htio ju je zaklat. Brižan Pomete, što to činiš?

POMET: Ah, moja Petrunjelico, na t' ovi škud, kup' štogodi za moju ljubav.

PETRUNJELA: Pomete, što je ovo? Ti se salacaš?

POMET: Petre, kralja me si danas učinila! Odsela pitaj što ćeš od mene.

PETRUNJELA: Brižna, što ću pitat? Ne imam što.

POMET: A ja ću u tebe pitat! Reci sinjori Lauri: "Još ću ukazat da ti sam veći prijatelj neg ga si nigda imala".

PETRUNJELA: Sjetna, nemoj joj govorit er ti sam ja spovidjela er joj je otac Tudešak i er je ime promijenila; ona to vele taji. Jezus, ne bi mi života bilo, da uzazna er ti sam ja spovidjela.

POMET: Petrunjelice, još imam s tobom poživat, - ne drugo! Reci sinjori Lauri: "Da te Tudešak, moj gospodar, hoće uzet za ženu, bi li htjela?" I reci joj: "Znaj er je ovi Tudešak vlastelin bogatac od peset tisuć dukata".

PETRUNJELA: Pômo, velika je ta! Tko bi se toga odvrgao? Ja za nju obećavam: ona će to učinit, i toliko veće, er je i ona Tudeška.

POMET: Pođ' joj tako reci, i doću malo poslije k vam.

PETRUNJELA: Bog tebe poljubio ki nas toliko ljubiš. - Žî mi duša kako je ovi Pomet vele vrijedan prijatelj od naše kuće. Ah, zaboravih mimogrede kupit dvije litre sapluna! Namoru, prije neg doma pođem, pođ ga ću časom uzet.

POMET: Ah, srjećo, moja srjećo, fortuna draga, sad poznam er se mnom špotaš; očito vidim er se sa mnom salacaš, i vidim er

109

me ljubiš; bogme me ljubiš; a ja, žî mi, ja tvoj, mahnit sam za tobom. A tko me je dosle pitao bokuni popovskijemi nego ti? A sad me malo poognjijevi, - zašto? Za učinit me svasma čestita i blažena: dala mi si po ruke okazijon da deventam što ne bih veće mogao žudjet. Sinjor Ugo, la signora e tua. - Signora Laura, Mande, Mandalijena, bogme si ti ona Mandalijena, kći de Ondardo de Augusta. Signor Ugo, čestita te ću učinit: dat ti ću sinjoru Lauru, da je do smrti tvoja s velicijem imanjem. Signora Laura, dat ti ću za tvoga vjerenika vlastelina mlada, bogata. Ja vam ovo dobro činim, bogme će ovako bit! - Ma koga vidim odovud? Dundo je Maroje s Bokčilom. Ovo čovjeka, umije se nosit: ize iz morske pučine tri tisuće dukat. Nješto govore; poću čut što govore.

Šesti prizor
MAROJE, BOKČILO, MARO, POMET (skriven)

MAROJE: Bokčilo, ponijeh li se kao? Ja sam sikur veće za tri tisuće dukata; izeh lavu iz nokata velik bokun!

BOKČILO: Što je meni za to, ako i ja ne okusim kus od toga bokuna? Ne može li mi bit od one karižice dzubun i bragešice?

MAROJE: Bokčilo, sve će bit, mi smo na dobru skoku.

BOKČILO: Sve će bit, kad mene ne uzbude! Jaoh si ve moja ledja! Teške ti bijehu one bale: prikidoše me.

MAROJE: Muči, Bokčilo! Ovo onoga meštra! Činiću se da ga ne poznavam; munitom ga ću platit kojom je on mene platio.

MARO: Ah, kurviću, kao ja ostavih ključe od magadzina onomu vragu?! Ma ovo ga, per Dio! - Ćaćko!

MAROJE: Što je, brajo? Tko si ti? Upoznao se si; koga pitaš?

POMET: (Ovo trata, gleda'te!)

MARO: Kako, koga pitam? Nijesam se upoznao!

MAROJE: Čigov si ti?

MARO: Vražiji sam, kad je tako. Što su te stvari?

MAROJE: Prikrsti se, mlače; ti nijesi sam.

POMET: (Ovo komedije!)

BOKČILO: (Ovdi je od muzuvijera do muzuvijera!)

MARO: Što su te ribaldarije? Da' mi ključe od magadzina; nijesu svite moje.

MAROJE: Assassin, all' assassino! Bokčilo, pomozi! Ladro, al ladro!

MARO: Ah, ne oče ma vraže jedan!

POMET: (Je li tko, svijete? Je li se igda ovaka komedija učinila?!)

MAROJE: Bokčilo, dobismo!

BOKČILO: Stučiše se dvije vuhve ne male, - otegnu veća!

MAROJE: Trijeba je i vuhva i sve bit, tko s vragovi ima što činit.

BOKČILO: Gospodaru, ti otac - on sin, ugodit se ćete.

MAROJE: Među lisicom i hrtom nije ugođaja. Ma ja sad lisica bih, a on me je naučio. I pođ'mo na voštariju, da činim da trunfaš.

BOKČILO: A bogme je i saporintija, one me bale utrudiše.

MAROJE: Uljez' unutra.

BOKČILO: Pate; nebit da bude.

Sedmi prizor
POMET, zatim MAZIJA

POMET: Komedije koje se nagledah! Sinjor Marin kao uškopljen vuk izmače, a dukati sinjorini staniše se u Dunda Maroja. Nut ljudi, odkad dinare skapulaju iza dna od Fara od Misine! Ma tko mu je meštar bio? Pomet! Pometovi su ovo trati; ja mu sam tramuntanu odkrio, a on je umio jedrit. - Ma koga vidim odovuda? Njeka je persona nova; para ovo Mazija s knjigami. On je! Štogodi će novo bit; fortuna me je počela s njekijem novijem personami stavljat naprijed. Jeda mi još s Mazijom bude koja srjeća. Ako što bi, Mazija, pripravi se, gostih te na bosansku. - Mazija, bevegna!

MAZIJA: Pomo, Pomete, da t' tokam ručicu. Seta Gospođe, hvala tebi! Dobar mi je glas kad te sam srio.

POMET: Muzuvijeru, što muzuvijeriš?

MAZIJA: Ja ću ovi put pit, jesti i trunfat na gospocku.

POMET: Unjigalo, s kijem unjigaš?

MAZIJA: Po setu Mariju, kao bih volio tebe srjesti neg papu.

POMET: Zašto, primorska haramijo?

MAZIJA: Zašto para da se su svi dobri bokuni s tobom pobratimili; gdje si ti, tuj se ije i pije i veselo stoji.

POMET: Dabogme veselo stoji, Mazija.

MAZIJA: Čuješ li ti? Hoće li mi koga vraga što bolje s tobom bit? Oto me uzmi za slugu, nea sam istom uza te. Po setu Gospođu, volio bih tebe služit neg jednoga biskupa.

POMET: Ah, ah, biskupa! Mazija, još ne znaš što sam ja u Rimu. Pjanico, istom za mnom hodi, moje se sjeni drži, ter ćeš vidjet tko je Pomet Trpeza.

MAZIJA: Ja znam te kad te sam napojio jednijem siromaškijem pô kutaoca vinca, a ti nebog, ne mogaše toralu kruha kupit; sad si veličak čovjek, ja sam siromah. Non conveniuntus xudielis cum samaritanorum.

POMET: Mazija, amo hodi; što je novo iz Grada?

MAZIJA: Novo je: Milašica sirenje prodava, prid Orlandom vino liče, junaci ga piju; krua ne manjka prid Lužom, ni vode na fontani.

POMET: Bracka mjero, to je sve staro! Je li što novo?

MAZIJA: Jes, mavasija je bila ovoga godišta po peset.

POMET: Je li ka knjiga?

MAZIJA: Bože, znaš li gdje stoji Maro Marojev? Knjiga mu je iz Grada.

POMET: Znam, ja sam svakčas š njim; ja mu je ću pridat.

MAZIJA: I njekomu Dživu druga ide. Tao ti vjere, Pomo, prida' to mi ih.

POMET: Hoću, lassa far a mi.

MAZIJA: Umrla je njeka udovica u Gradu i sinovi joj i kći, i ostavila je veliko imanje za sobom.

POMET: Tko je ta udovica?

MAZIJA: Ne znam, tu u knjigah piše. Poću ja, imam sto posala opravit. Pômo, da mi je štogodi bolje s tobom.

POMET: Mazija, da se pak stanemo, da te gostim, pjanico.

MAZIJA: Kao bracu zahvaljam, vuhvo.

Osmi prizor
POMET (sam)

POMET: Bogme će prvi Pomet znat ovu nôvu; morebit Pometu bude dobar kolač. Knjige su u mene; budem ih otvorit. Ma ja sam zašao u feličita, ter ne idem iskat moga idola, sinjor Uga, koji se je malo razgnijevio na mene. Kad mu donesem nôvu er je sinjora Laura Mandalijena kći Ondarda od Auguste, komu je umrla žena i djeca, i sinjora Mande ima bit ereda od velikoga imanja Ondardova; - cur? quare? cuius? neće mačka larda! - a Pomet će dobit sto dukataca! Ma na pari mari bijeh zaboravio. Poću ja najbrže na voštariju nać opeta onoga junaka Hrvata, da mi tko drugi ne izije lov koji sam ulovio, i da mi ga je bolje i ispitat. Bogme je Mande ova Mandalijena ku on ište, neće ina bit, senji su dosle svi. Ah, kud ja idem? Ovamo je na voštariji della grassezza, a sinjor Marin alodža veće na ošpedao.

Deveti prizor
PAVO NOVOBRĐANIN, KAMILO, GRUBIŠA, OŠTIJER, zatim PETRUNJELA

PAVO: Gospodine Kamilo, jesi li vješ u ovomu mjestu?

KAMILO: Misser si, ja zna sve.

GRUBIŠA: Tata, bijedan Grubiša, gdje si se jošte stanih, gdje ljudi svi "šu" parlaju, "šu-pšu", da im se vraguto slovo ne razumije.

PAVO: Da gdi je ovdi voštarija della sciocchezza?

OSTE: Alla sciocchezza, alla sciocchezza! Che domandate?

GRUBIŠA: Šo, šo, nuti svinje, gdje kako prasac šoka.

PAVO: Upita' ga je li ovdi alodžao njeki Dubrovčanin.

OSTE: Che, signori?

KAMILO: Sarebbe qui alloggiato nisciun Raužeo?

OSTE: Credo di si, i Ragužei sempre alloggiano qui da noi; ah, ci e un vecchio.

KAMILO: Jes, jedno staro.

PAVO: Toj će bit Maroje, moj prijatelj; rekli mi su da je u Rimu jes tri dni.

OSTE: Ovdi kodi, dobro vina!

GRUBIŠA: Bijedan, što tako šeperlakaš? Što ne govoriš kao hristjani govore? Ima li kako vino?

PAVO: Muči, svinjo, i za te li je govorit?!

OSTE: Vino dobro, vino dobro pito, sluko, pato.

KAMILO: O che spasso! Misser Paulo, pođi na voštarija e nađi starac Maroje.

PAVO: A ti, neć' li goru?

KAMILO: Hoću sada.

GRUBIŠA: Bijedan se Grubiša u latinsku zemlju doskitao, gdje se žabe i spuži ijedu, gdje se ogrestija pije i gdje se na ure oni bijedan obrok jede, gdje se u zdravjice ne pije, a voda se u vino lijeva. Tata, mili Bože, gdje si me moja srjeća, huda srjeća dovede? Gdje si, Pribrate, Radate, Vukmiru, Obrade, Radmile, moja ljubima družino? Daleko mi ste, bijedan!

KAMILO: O, che spasso di questa bestia.

OSTE: Che giavolo urli tu, ciera di buo?

GRUBIŠA: Ubo maj prc s bodilom!

OSTE: E buo ti e, un buo si.

PAVO: Grubiša, gori hodi, svinjo jedna; odavna ti nijesam dao tojaga.

GRUBIŠA: Prc voštac, - vlaški svetac. Ovi hoće bosti! - Ne bodi, ja t' velju, junaka!

OSTE: Bodi, bodi, va con giavolo!

KAMILO: E mandalo al burdello: e un poveracio. Pođi ti gori.

GRUBIŠA: Uh! uh!

KAMILO: E un faceto animal questo. Sin che costor se intertengono alla oštaria, vo' far un poco amor con questa signora. Ma ecco la sua massara, la par Schiavona.

PETRUNJELA: Brižna, što ja cknim? Imala sam i sapluna i sve ostavit, a najbrže potrčat i spovidjet gospođi štete, sramote i ruge koje sam čula i vidjela. Brižna, tri tisuće dukata otidoše gospođi! Marac, nut vrag ti dušu ne uzeo!

KAMILO: Indovinai ch' e Schiavona. - Djevojka, dobra djevojka, Dubrovniko?

PETRUNJELA: Brižna, tko je ovo? Kamilo je! Sjetan Kamilo, ovdi li si? Što ti je od Kate? Je li ve zdravo, Kâmo?

KAMILO: Ah, Milica, ti sa! Kako stoji?

PETRUNJELA: Dobro, Kamo; živi se vide kadgodi, a mrtvi nikada. Ma se ne chiama piu Milica, Petruniela sce chiama.

KAMILO: E latineški ti naučila? Stoji con la signora, lijepa signora i draga?

PETRUNJELA: Draga! Neka druzi draguju, - ti "draga" imaš, ne išti ve ti, Kamo, to.

KAMILO: Ne zlo za zlo mene pita de signora, - dobro hoću.

PETRUNJELA:

Dobro hoćeš,
dobro t' budi;
zlo ne žudi;
doma radi
i ne kradi
što nije tvoje,
zlato moje.

KAMILO: Ti govoriti i s rima.

PETRUNJELA: A bogme i versat umijem. Zbogom, Kamo, ovo mi gospođe na funjestru; imam veliku potrjebu

KAMILO: Čeka', čeka', gošpođa poždravi, O, che intertenimento!

PAVO: Signor Camillo!

KAMILO: Miscere.

PAVO: Uzidi gori.

KAMILO: Eccomi.

Deseti prizor
LAURA, PETRUNJELA

LAURA: Petruniella, che vol dir che tu se' stata tanto a tornar?

PETRUNJELA: Uh, madunna, triste nuve porto!

LAURA: Sjetna, što je? Naški mi govori!

PETRUNJELA: Ovizijem sam očima vidjela i ovizijem ušima čula!

LAURA: Što si čula?

PETRUNJELA: Maru je u Rim vjerenica došla i vjeren je!

LAURA: Ah, traditor!

PETRUNJELA: Tri tisuće si dukat izgubila; svite su odnijeli ončas! Ja sam vidjela gdje ih čini njeki zlostar odnijet.

LAURA: Ah, assassino, pođ' se uzda', pođ' se vjeruj! Traditor! Uzidi gori, Petrunjela.

Jedanaesti prizor
MARO (sam)

MARO: Hajmeh, zemljo, što se ne otvoriš, ter me ne proždreš? Da mi je ovoliku ne patit, da mi je mojijema očima ne gledat i tolikom penom ne patit krudeltati koje jesu li gdi pod nebom? Je li ovaki gdi na svijetu otac? Je li ovaka pod suncem lakomos u čovjeku? Za imat dinar - sina umorit! Hajmeh, veće sam ja otišao, veće meni ne ostaje neg stavit konopac na grlo ter se objesit. Prid sinjoru s kojijem očima imam doć? Hajmeh, ukazah se asasin prid njom! Prid moje kompanje s kojijem obrazom imam pristupit? Odrije me, ukaza me falita! Kako da se veće prid dobre ljudi ukažem? Ajmeh,- što je gorâ, - odkuda tolike duge da platim? Na sve strane me će potezati! A vrag uzeo kad sam živ, a veće ni mjedenice!

Ah, Popiva, ruino moja! Ah, Popiva, da tebe ne slušah, tri tisuće dukat naše bijehu! Ah, Popiva, da tvoj konselj ne sliješah! Ah, Popiva, gdi te ću nać? Ima bit da je u Džanpjetra zlatara otišao rubin i dijamant uzet. Otidoše moje dvije kolajine i manilji; veće mi ne ostaje, ajmeh, za objed na voštariji platit; a ključ mi je od kuće u onoga moga manigoda koji me kolje. Ah, Popiva, jeda ne budeš ponio sinjori rubin i dijamant! U tomu samomu ostaje sva moja speranca. Ah, životu moj ludi, injoranti guvernu! Ah, sinjore, ah, kurve! Tko vas slijedi, onomu intravenja! Ah, moja ruino, moj sljepilu, ni znam kud ću ni što ću! Popivu da nađu.

Dvanaesti prizor
POPIVA, PETRUNJELA, zatim LAURA

POPIVA: Bože, kako li će proć stvar od one stare lisice do mlade? Imamo što činit s astutijem čovjekom. Poznao mu sam po čijeri, - ma sin mu je; ki može vrag bit? A Maro meni pošapta na uho: "Pođ' s kolajinami i s manilji, i trči u Džanpjetra zlatara: uzmi dijamant i rubin i ponesi ih najbrže u sinjore", - njeke njegove prješe, furije! Ki vrag zna što će bit: ne ostaje mu veće pice, a duga na sve strane! Još da mu otac kugodi novelu učini, lakomac. Uh, tako veće, kad mu drago, na ošpedao! Srce mi nješto govori da sinjori ne nosim ove dzoje; ma da joj ih ne ponesem, ter da štogodi intravenja, ne bi mi života š njim bilo. Sluga je za slušat gospodara: ja ću opravit što mi je rekao; ako što intravenja, neka on misli. (Tik, tok!)

PETRUNJELA: Chi batte giuso?

POPIVA: Petrunjelice, mâ grličice!

PETRUNJELA: Što si došao, tradituru jedan? Onako se čini, an?

POPIVA: Petre, što sam učinio neg te sam ljubnuo jednom? Ah, brže ono što te uštinuh?

PETRUNJELA: Drugo je, pse jedan!

POPIVA: Jeda mi gdi ruka uteče? Ako je ruka kriva, nijesam ja kriv.

Ruka pođe,
a ne dođe;
ruku stuči,
ruka muči.
Kriv sam,
tvoj sam;
draga ljubi,
tvoga slugu
ne pogubi.

PETRUNJELA: Još se rugaš? Tradituru, pse jedan!

LAURA: Petrunjela, s kijem govoriš?

POPIVA: Sinjora, donio sam rubin i dijamant; ovake se dvije peče nijesu odavna u Rim donijele.

LAURA: Popiva, da gdi je sinjor Marin?

POPIVA: Sad će i on bit ovdi.

LAURA: Što učiniste tamo?

POPIVA: Sve dobro.

LAURA: Sve dobro? Dobro, nu čeka' doli.

POPIVA: Ono "sve dobro" ne delekta me! Da nije koga vraga uzaznala od onoga našega lakomca? Dohodi mi volja da joj ne dam ove dzoje.

LAURA: Popiva mio!

POPIVA: Signora!

LAURA: Nu da' sjemo!

POPIVA: Che bella cosa!

LAURA: Popiva, pođi najbrže i dovedi mi Mara; imam veliku potrjebu od njega.

POPIVA: Na tvoju zapovijed, trčim najbrže.

Trinaesti prizor
POPIVA, MARO

POPIVA (*sam*): Ova sinjora u čijeru i u govorenje para da nije ona, ali tko ima suspet od česa, tako mu i para i što nije. Ma ovo mi gospodara! Adio, malankonik ti je! Što će bit? - Gospodaru!

MARO: Ah, tradituru Popiva, ruino moja!

POPIVA: Što je za Boga?

MARO: Jeda si sinjori rubin i dijamant ponio?

POPIVA: Kako mi si rekao ja sam opravio.

MARO: Ah, tradituru! Ah, pse jedan! Ah, gdje mi je punjao, da zakoljem ovoga asasina!

POPIVA: Per amor de Dio, gospodaru, ustavi koloru!

MARO: Ah, ti, ruino moja! Ajme, što ću sada? Kudije li ću sada? Čemu živem? Što ne uzmem nož, ter ne dam svrhu tolicijem tugam?!

POPIVA: Za Boga, gospodaru, koja je tolika desperacijon? Repoza' malahno, svemu se može nać remedijo, kad se čovjek ne abandona; kad se abandona, i male stvari veliku mu tugu zadaju.

MARO: Ah, zli guvernu moj! Ah, moje malo naprijed mišljenje! Ah, oče vraže! A, Popiva, smrti moja, ti me, ribaode, dozakla!

POPIVA: Gosparu, njeka ti je boles i malankonija od srca stegla, ter ti i nevelika stvar prem velika para; nemo' tako!

MARO: Ah, Popiva, dinarâ veće nije, čâs izgubih, eredita veće ne mogu imat, duzi na sve strane, zlo patit ne umijem; što ću? Iz Rima se dvignut ne imam s čijem; ne imam veće ni gdje na stan poć. Ti si onomu vragu, a ne ocu, dao ključ od kuće, - obijati je sramota. Hajme, nesrećo, veoma t' me rasčinî!

POPIVA: Vidim, fortuna nas je na veliko zlo zbila; ma nu se malo akvijeta', malo repoza'.

MARO: Ovo sam repozao. Hajme, nađi štogodi, iznađi koje remedijo smrti mojoj.

POPIVA: Sinjora još ne zna ništa od tvojijeh stvari ni najmanje.

MARO: Oni neotac odnio je svite iz magadzina, a Žudio se je oni čas pošao valjat na banku od tri tisuće dukat.

POPIVA: Može li bit?! Ah, nut avaricije od čovjeka! To sinjora još ne zna ništa. Pođ' večeras u nje na večeru i na spanje, i dvignimo joj kugodi kolajinu, prsten, dzoju, pokli naša srjeća hoće tako, i sjutra najsjutrije otidimo.

MARO: To je najbolje našoj desperacijoni, to je remedijo najespeditije.

POPIVA: Ma kad dođeš k njoj, ne kaži malankoniju, usiluj se veseo bit. I prije neg u nje pođemo, pođ' vrati sajun i tu kapu Žudjelu, a uzmi tvoj sajun od veluta i kapu. A oramai je noć; večeras sinjora neće moć znati ove stvari, a sjutra znaj kako joj drago.

MARO: Asasin, bogme ostah asasin! Što se će po Rimu od mene govorit? Pođ'mo!

POPIVA: Ovdi ovoliko, ovdi nije inoga remedija.

PETI ČIN
Prvi prizor
POMET, zatim MARO, POPIVA

POMET (*sam*): Honores mutant moribus, i tko me vidi da sam promijenio ovako haljine rijet će: "Pomet se je Trpeza pomamio!", a ne zna er sam abate sada, kont sam, kavalijer sam; zato sam i kolajinu stavio na grlo, sinjora Mara sučeda, - on odpade od kolajine. Hoću li kad u Dubrovnik, da vidim gdje se je u ormanicu učinio? A meni pristoji haljina, bogme pristoji. Našao sam za čerto, za fermo da je sinjora Laura ona Mandalijena, kći Ondardova iz Auguste; a otole je i Ugo, moj

Tudešak. Onoga sam čovjeka koji mi donije nôvu ostavio vesela na voštariji della grassezza; a ja sam bogme veseliji od njega, de ello. Ugu kad rečem, - neće mačka larda! - ova je parentijera učinjena! Poću najbrže u sinjore Laure, u gospođe Mandalijene. Za rijet bolje, neću joj govorit da ju otac ište i da je ostala tako ereda od tolikoga imanja, er bi se uzoholila, - kortidžana je! Hoću da joj all' improvviso dođe ovo veselje, da je Pometu oblegana. Ugu ću, momu Tudešku, sve rijet, neka je dobrovoljnije uzme za ženu. - Ma koga vidim odovud? Poću se retirat malo s strane, da mi ne smete fačende od inportancije.

MARO: Hajme, nesrjećo na šta me si zbila? Da ni sajuna moga od veluta ne mogoh imat! Ma mojoj nevolji ne konvenja se neg i zločestija haljina od ove. Što će rijet sinjora Laura?

POPIVA: Gospodaru, nije ga sada plakat neg učinit srce od lava. Svijeća je došla na zeleno: veće nije kuda. Ako još ne izesmo sinjori iz ruke prsten, kolajinu ali štogodi, nećemo imat s čijem otit, nećemo imat što jesti.

POMET: (Ovo ih, ovo su oni faliti! Tu vas hoću, grintavci, došli ste gdje ruka maha.)

POPIVA: Što mučiš?

MARO: Ajmeh, Popiva, ja sam se izgubio!

POMET: (Rusatijem mu octicem polse!)

POPIVA: Nije se sad brijeme gubit; trijeba je učinit obraz od mariola.

POMET: (Bogme od mariola!)

POPIVA: Nije što jesti!

POMET: (Jes, ošpedao njemu; ma tebe ako ne vidim na vješalijeh, neću miran umrijet.)

MARO: Oršu, da se ide u sinjore, ovdi je trijeba imat...

POMET: (Bogme ga nećeš sad tamo.)

MARO: Tko je ovo? Je li ovo Pomet? Pomet je!

POPIVA: Nut ribaoda gdi se u velut obukao i s kolajinom je!

MARO: Da' da ga ubijemo na mjesto! Ovo je ljepša okazijon od svijeta, ter nam neće rijet da smo utekli kao faliti, ma kako omičidi; ter nam neće tolika sramota bit.

POPIVA: To hoću da zautra učinimo; večeras ne imamo s čijem otit. S ružjem je, ribalad jedan; neka, malo ti će valjat.

MARO: Pomete, ti?

POMET: Misser Marin, ben trovato.

MARO: Maloprije mi si skapulao, drugovja mi nećeš skapulat!

POPIVA: Ribaode jedan, još imaš oči s nami govoriti?!

POMET: Id' tja, ti pođ' na komardu! Misser Maro, svjetovah se, tako i skapulah; i opet sam se svjetovao, da ovo oružje uza se vazda nosim. Nea Popiva pristupi da mi ovu muhu s nosa zbije.

POPIVA: Nut ribaoda, još nam brava!

MARO: Ki je vrag ovo? Lessandro drappier!

Drugi prizor
LESSANDRO i prijašnji; zatim LAURA, PETRUNJELA

LESSANDRO: Signor Marin, bon giorno alla signoria vostra! Oramai e tempo che io sia satisfatto.

MARO: Avete fatto il conto quanto vi resto a dar?

LESSANDRO: Ho avuto cinquanta šcudi, e mi restate a dar ancora cento.

MARO: Sta bene; domattina sarete satisfatto senza fallo.

LESSANDRO: Voi andate mandandomi da un di all' altro; non posso piu spettar, voglio esser satisfatto.

POMET: (Popij tu zdravicu!)

MARO: Avete ogni ragion, voglio satisfarvi. Venite domattina a casa mia, et sarete pagato.

POMET: (Ne ostavi ga se, ne ima grintave mjedenice!)

LESSANDRO: Stasera io ho da far un pagamento; se pensate pagarme domattina, pagatemi stasera, e datemi qualche cosa manco.

MARO: Voi sete venuto con si gran furia! Alle vintitre ore che faccia pagamenti?! Trovatime all' ora di banchi, et sarete satisfatto.

LESSANDRO: Dico, voglio aver el mio, et non vo' parole!

POPIVA: Voi sete venuto con superchiaria.

LESSANDRO: Non volete pagarmi, eh?

POMET: (Je li tko, Bože? Gleda' feste!)

MARO: Par che voi vogliate combatter?

LESSANDRO: Non son venuto per combatter, ma per aver il mio.

MARO: Orsciu, che abbiate il vostro; vado a portarvi vostri dinari.

LESSANDRO: Vengo io con voi.

MARO: Aspetta alla buttega vostra; per mio servitor vi mando adesso, senza indugiar, cento šcudi, giacche sete tanto inportuno.

LESSANDRO: Aspetto, purche sia coži. - Se non mi paga, vo di lungovia a farlo citar.

Treći prizor
POMET (sam), zatim LAURA i PETRUNJELA

POMET: Sto uši će platit! Cento ducati! Počeli ga su potezat. Da bi Bog dao da mu još Pomet ne donosi u lončiću na tamnicu. A, na velik ti prepozit izide ovi svilar. Olova mi sad pliju, sve mi prospero prohodi! Ovi faliti mogahu mi posao ištetit; žene su kao lis, kojijem svaki vjetar kreće. Poću najbrže u sinjore; u poses ulazim. - (Tik, tok!) - Signora Laura, patrona mia!

LAURA: Ah, Pomete, ti li si? Uzidi gori.

POMET: Ah, sinjora, da maloprije ovako učinjaše, tvoje tri tisuće ne utonjahu.

LAURA: Oto, tako moja nesrjeća htje; ma, žî mi tvoja ljubav, Pomo, kako ih ne budem izgubit.

POMET: Sinjora Laura, nosim ti nôve koje scijenim da ti će drage bit.

LAURA: Taki čovjek ne može neg s dobrijem kolačem doć.

PETRUNJELA: Brižna, nut gdje se je nagalantao, i s kolajinom na grlu, kako da ide na pir.

POMET: A, bogme, Petre, na pir.

PETRUNJELA: Da bogme gospoju ti čestitih, - sve ti čestito!

LAURA: Idi, oslico!

PETRUNJELA: (E, nedrago joj je!)

POMET: Sinjora Laura, u dobri čas desnom naprijed stupih.

Četvrti prizor
MARO, POPIVA, zatim SINJORA LAURA, PETRUNJELA, pa VLAHO, PIJERO i NIKO (sakriveni), POMET

MARO: Ah, Popiva, vidiš li gdi nas je fortuna zbila? Da mi je trijeba lagat, da mi je trijeba bježat od dužnika, jaoh, da sva moja speranca stoji sad u mariolstvu! Ako ne ukradem što sinjori Lauri, mi veće ne znamo ni kud ni kamo. Ah, smrti, gdje si? Na velik ti bi mi prepozit sad bila! Blagosovljena ona ruka koja sama kadgodi libera se ovacijeh tuga.

POPIVA: Gosparu, nije ga tu plakat ni gubit brijeme. Pođ'mo u sinjore: čeka na večeru; i oprav'mo što imamo, ako neć' zautra u tamnicu uljesti.

MARO: Pođ'mo, pođ'mo.

POPIVA: Što "pođ'mo"? Ovo si prid vrati od sinjore.

MARO: Da kuca'.

POPIVA: (Tik, tok!)

PETRUNJELA: Chi batte giuso?

POPIVA: Petrunjela, otvori!
Ovdi izlazi Vlaho, Pijero, Niko.

VLAHO: (Kompanjijo, nu gleda'te, vidim Mara prid vrati od sinjore.)

POPIVA: Petrunjela, što se si zabila?

PETRUNJELA: Gledam te, Popo, smurala sam se na tebe. Brižnika, pristao ti je!

POPIVA: Petre, Petrunjelice!

LAURA: Signor Marin!

MARO: Signora mia!

LAURA: To li ja od tebe dostojih?

MARO: Što, sinjora?

PETRUNJELA: Nut onoga bezočnika! Nebogo, dohodi mi kima da mu ovizijema noktima izderem one očine kijema još ima oči gledat.

LAURA: Muči ti, Petrunjela!

POPIVA: Nebore, Petre, što je ta kolora? Pomet li vam je štogodi nalagao?

PETRUNJELA: Bezočnici jedni! Ašišinâ sinjoru od tri tisuće dukat, ah!

MARO: Pomet li vam je štogodi nalagao? Ah, Pomete, Pomete, vele ti mi ih si sakrojio!

PETRUNJELA: Mojijem sam očima vidjela, tradituri jedni, gdje ti oni zlostar odnese svite; a Žudio se ončas pođe naplatit na banku. Nebogo, još imaju oči govorit.

MARO: Ter si ti to vidjela?

PETRUNJELA: Vidjela! Ne vidjeli vi da bi!

LAURA: Maro, ja li to od tebe meritam?!

MARO: Sinjora, ja ne znam ništa od toga.

LAURA: A od vjerenice si imao knjigu, a meni si govorio da nijesi vjeren! Basta, na dva načina sam od tebe privarena, tako da ovako dosle nije nijedna moja drúga privarena bila. Scijeniš li da u Rimu nije pravde? Čini da imam moje tri tisuće dukata bez skandala i bez tvoje velike sramote.

MARO: Sinjora, zlo si informana. Ovdi s ulice ne mogu moje razloge govorit.

POPIVA: Otvori malo, sinjora, da uljezemo u kuću. Nijesu tolike stvari kolike ti su nalagali!

PETRUNJELA: To, da nam još dvignete štogodi? Nut, nebogo, da' ašišine u kuću!

VLAHO: (Kompanjija, čujete li i vidite li?)

NIKO: (I čujemo i vidimo.)

PIJERO: (Ovo je što se reče: kurvam noge plači, da te ovako goste.)

Pomet iz kuće od sinjore.

POMET: Tko je ovo doli? Ah, misser Marin, prostite, mjesta su puna, ne imate gdje sjesti, a komedija se je počela odkada! Popiva, reci gospodaru: pacijencija! Vuk lisicu privari.

MARO: Kurvin ribaode jedan, hoću li ti se kad krvi napit? Hoć' li mi kad u ruke upasti, da t' ukažem što je te trate činit?

POPIVA: Mariolu jedan, nu sid' dolu, da t' ukažem s kijem imaš što činit!

POMET: Da sidem doli? Ašendao sam ja, a vi ste pali! I vi bijehote na ovomu mjestu maloprije, ma, grintavci, ukinuste se, er na dobročestu mjestu ne umije zločes sjedit.

MARO: Ah, mariolu jedan! - Čuješ li, sinjora Laura, otvori, er po raspetje Božije sažegoh ga u kući.

POPIVA: Da' da razbijemo vrata!

VLAHO: (Vidite li?)

NIKO: (Slušamo i gledamo komediju.)

PIJERO: (Che spasso!)

PETRUNJELA: Da razbijete vrata?!

LAURA: Vrata meni da razbijete?! Petrunjela, mortar mi!

PETRUNJELA: Da nam vrata razbijete, manigodo jedan! Po Luncijatu Božiju, kako vas se ću sad bačkjelom vrć, čijem mi na ruke dođe. Nut, vrag ti dušu ne uzeo!

MARO: Ah, kurve, kurve, tko s vami ima što činit!

POPIVA: L' e fatta!

VLAHO: (Skrijmo se, da nas ne vidi.)

MARO: Ajme, Popiva, ovo nam falja! Što ćemo?

POPIVA: Ah, jeda možemo Pometa gdi dočekat, da mu se, ajme, krvi napijemo.

MARO: Hoću svakako da ga prežimo i da ga ubijemo na mjesto. Ovdi ovoliko! Popiva, mi smo spačani.

POPIVA: Gosparu, nemo' se još abandonavat; ako uzmanjka, a mi na sodu - zvoni tambur.

MARO: Ajmeh, nesrjećo, na što me si dovela! Popiva, hoću da zakoljemo Pometa, - che lo ammattiamo!

POPIVA: Gosparu, na smrt - na život, ovo sam, slijedim te.

MARO: Hoću da uljezemo per forza u Laure, - ah, kurve! - Da ih svijeh u kući zakoljemo ko mi pod ruku dođe! Desperan sam, - otac vrag, pak ću sam sebe ubit. Pođ'mo oružje uzet.

POPIVA: A, svijete! A, vraže, vele ti moreš!

VLAHO: Ah, vraže, zao ti si! A, zločestvo, od mala ti si! A, zli guvernu, na što dohodiš!

NIKO: Da u Dubrovniku meni koja onako učini, po muku Božju bih je fjersao.

PIJERO: Onaki desperan, dubitam da koji skandao ne učini.

VLAHO: Onaki zločes, dubitam da vrat ne ulomi. Ako ga barižeo nađe s oružjem, vidjećete feste.

NIKO: Vrag! Pođ'mo za njim, nemo'mo ga abandonat, da u onoj furiji ne učini ki eror.

VLAHO: Ako što možemo, pođ'mo, pođ'mo!

NIKO: Mi smo došli u Rim za imat kigodi pjačer, a najliše s ovizijem Marom, a ja viđu š njime nećemo imat neg despjačer. Vrag! Žao je meni er se je s sinjorom svadio, - za moj dio; ma džiljoz biješe, ne dadiješe, bjestija, na nju ni gledat.

Peti prizor
DŽIVULIN i TRIPE

DŽIVULIN: Ah, ah, giuraddio, ne da se nać oni naš Žuho riđe brade, štono mi placa; lazi mi kao indijana žaba. Bože, hoću li se gdje stat š njim? Da mi je š njim na balun poigrat, da ga učinim od jajera, da malo poleti, da mu dam nogom u oćas, da ga vihar odnese, ne drugo - da se š njim pozdravim. Nije ga, slava milostivici! Ma tko ide ovo odovuda? Ma koga se ja bojim? Kurvin sin budi s dvijema rukami! Ma mi je bolje stât s strane, da spijam koje su čijere od neprijatelja.

TRIPE: Po kotorsku Advokatu, can, becco futuo, sad me nađi s oružjem! Gdje je ovi sin majke od sedam muži!? Ne viđu ga, po svetoga Džulijana, junačkoga Advokata, dobre žene sina, da ovako rečem, koji bi mi sada dobar sramotu učinit. Izidi, can, becco futuo!

DŽIVULIN: Ah, ah, ovo je moga Žuha majstorija! On ga je poslao, neće inako bit po Gospu od Pšunja; poznah ja er se hoće izet, da mi ne plati navao.

TRIPE: Eccomi in campagna! Ako je tko, izidi, nije se ovdi krit; tko nije žena, hod' na polje.

DŽIVULIN: Misser, koga ti išteš? Ako čovjeka išteš, ovo je na pjaci; ako žene išteš, u kući su gdje kudjelje predu. Ti li si oni? Tko te je poslao?

TRIPE: Da ti li si oni koji mene išteš? Ovo sam! Nut, što me nablizu gledaš? Sit me se nagleda'.

DŽIVULIN: Reci mi ti, ne smijemo li našega iskat?

TRIPE: Da kaži ti meni: što t' ne more bit per amor, zašto hoć' per forza?

DŽIVULIN: Giuraddio, po majku od Pšunja, pomanje govori!

Also Available from JiaHu Books

Hiša Marije Pomočnice - 978-1-909669-31-4

Ludzie bezdomni

Quo vadis?

Pan Taduesz

Osudy dobrého vojáka Švejka za světové války 978-1-909669-45-1

Чорна рада (Укр) 978-1-909669-52-9

Горски вијенац - 9781909669-56-7

Judita - 9781909669581

Стихотворения и Проза Ботев 978190966986-4

Az arany ember

Szigeti veszedelem

www.ingramcontent.com/pod-product-compliance
Lightning Source LLC
Chambersburg PA
CBHW031401040426
42444CB00005B/373